Margarita García Robayo nació en Cartagena (Colombia). Es autora de novelas, cuentos y ensayos. Obtuvo el Premio Literario Casa de las Américas y el English PEN Award, entre otros reconocimientos. En Anagrama ha publicado *La encomienda*.

El afuera

Durante una mudanza, la autora descubre una libreta de apuntes que tuvo en la época en la que nacieron sus dos hijos. Esas notas del pasado se conectan con reflexiones del presente sobre la maternidad y el miedo al mundo exterior. Este libro indaga en la familia de clase media que se construye como una isla –o una cárcel– para protegerse del resto; analiza cómo un conjunto de individuos mezquinos y miedosos, amparados en el instinto de preservar a sus seres queridos, se afianza y habita sus pequeños mundos privados, de espaldas al afuera.

El afuera

Margarita García Robayo
El afuera

editorial anagrama

Primera edición: *marzo 2024*

Diseño de la colección: lookatcia.com

© Margarita García Robayo, 2024

© EDITORIAL ANAGRAMA, S. A., 2024
   Pau Claris, 172
   08037 Barcelona

ISBN: 978-84-339-2295-3
Depósito legal: B. 1182-2024

Printed in Spain

Liberdúplex, S. L. U., ctra. BV 2249, km 7,4 - Polígono Torrentfondo
08791 Sant Llorenç d'Hortons

Descubrí este texto escondido entre mis notas, como una garrapata entre los pelos de un animal. Fue en diciembre de 2019, cuando ya llevaba varios años entregada a la crianza de mis hijos, con gran convicción y con gran agonía, según la época. La escritura ya no era lo que era, había mutado en un malestar ambivalente. Algo que te duele cuando lo pinchas con la yema de los dedos, pero no tanto. Te duele en la medida justa como para insistir en tocarte.

Ese diciembre, mientras embalaba cajas para una mudanza que estaba por emprender, descubrí en mi casa vieja una libreta de apuntes cuyas fechas coincidían con el lapso en el que habían nacido mis dos hijos. En total serían unos cinco, casi seis años de estar clavando el ojo en eso que no entendía qué era y que ahora me resultaba tan obvio como un elefante en mi salón vacío. Me dio la sensación de que me había pasado un tiempo importante recabando pruebas para demostrar no-sé-qué-cosa que no alcanzaba a dimensionar. La libreta terminaba en una nota trunca porque, recuerdo bien, fue para la época en que decidí abandonar para siempre el papel y la caligrafía.

Poco después de que naciera mi primer hijo, V., tuve que aprender a escribir distinto. Eso es: rápido, escueto, sin rodeos, con el pulgar derecho –a veces el izquierdo–, con la voz –pero bajito–. Tuve que cultivar una nueva sintaxis. Me especialicé en tomar notas impulsivas que después juntaba en un popurrí del que, en principio, no conseguía sacar nada en limpio. Me recuerdo a las madrugadas, mientras V. dormía, escroleando los apuntes acumulados en el celular, deseosa de encontrar alguna chispa que pudiera darle sentido a todo ese material disperso y copioso. Por favor, por favor, me decía: ¿qué fue lo que vi? ¿Qué fue lo que creí haber visto? ¿Dónde está el patrón?

Cuando sospechaba haber descubierto algo, era humo. Cerraba y abría el mismo archivo con la esperanza de que, en ese lapso de oscuridad, se hubiese convencido de revelarme algo. ¡Brillen!, les pedía, muéstrenme algo. Pero no, mis notas eran ranuras selladas.

Para cuando nació mi hija, J., ya me había resignado a que, en adelante, mi escritura sería eso: gorgoteos sin lustre. Tampoco fue que me pesó demasiado, ya antes había resignado otras cosas: viajes, sueño, tiempo productivo, lozanía. Dentro de los muchísimos efectos secundarios que trae la maternidad, hay uno que me cae muy simpático: te baja el copete.

No resigné las notas, sin embargo. De hecho, las mezclé todavía más y les atribuí funciones diversas: eran mi lista de pendientes, mi memorial de agravios, mi registro de incursiones al afuera. Quise concentrarme en estas últimas.

Vuelvo al comienzo. A veces (¿o siempre?) los comienzos deben forzarse para domar las digresiones. Hay textos (¿como este?) que se zambullen en una larga digresión y que, cada tanto, hay que agarrarlos del brazo, traerlos de vuelta al centro y darles una puntada con hilo grueso pero transparente, para que no se note el esfuerzo.

Entonces:

Era el año 2019. Supongamos que era un viernes. Era el último día de clases, estaba por apagarse el año. Mis hijos estarían durante todo el verano en casa y eso me gustaba. A mí mis hijos me caen bien. Los encuentro graciosos, inteligentes, guapísimos. Por supuesto que hay un montón de cosas que no me gustan de ser madre, pero me parecen accesorias, de poco peso. Cuando pienso en lo que no me gusta de ser madre me siento una reina de belleza a la que le preguntan cuál es la parte más fea de su cuerpo y ella dice «los pies» o «de adolescente me avergonzaba de mis pechos» (que, por supuesto, son redondos y firmes). Sé, porque tampoco soy tan despistada, que el hecho de que me gusten mis hijos revela un rasgo de petulancia que no me interesa refutar. No tuve que parir para entender que, por mucho que uno intente elevar su experiencia, la maternidad rara vez se diferencia de la egolatría, ya sea en su costado victimista o en su costado narcisista.

Para ese momento, mi marido, M., se había ido a filmar una película a España por tres meses, de los que ya iban dos y medio. Yo casi siempre estaba con D., una mujer formada y cariñosa que me ayuda a cuidar a mis hijos hace muchos años. Corrijo: D. es cariñosa con los niños, pero displicente con los adultos; impone una distancia física y emocional que yo leo como un acierto y los demás leen como antipatía.

Poco antes de mediodía me había instalado en la plaza que queda enfrente del colegio, bordeando la estación de tren. No solo era el último día de clases, sino el último día en esa escuela; el año siguiente, mis hijos irían a otra. Cuando tenía tiempo los iba a buscar caminando porque nunca había lugar para estacionar. En la plaza me encontré a Miss Luli, una maestra. Ella estaba en su hora de descanso. Se escapaba a ese parque a fumar porque la directora le había pedido que no lo hiciera en la vereda, ni bajo los árboles de la esquina, creyéndose camuflada en la luz violeta de sus flores. Ella se fumaba uno solo al día porque era asmática, me dijo, pero ese único cigarrillo era su «reseteo» diario.

Miss Luli empezó a hablar: me contó que había empezado a escribir poemas. O lo que ella pensaba que era un poema. El chispazo inicial vino de Ben, Benicio, de sala de cuatro, pero quizá no estaba bien decirlo. Cuando le contó a Tomás (su novio), él la detuvo: extendió el brazo y le mostró la palma como un general que frena a sus tropas desbocadas. Le pidió por favor que no se convirtiera en una de esas personas. ¿Qué personas? Las que piensan que las ocurrencias infantiles son icebergs de sabiduría. A ella le sonó como el título de algo comestible: torta de melocotón, empanada de cebolla, iceberg de sabiduría.

Yo pensé que su novio tenía razón, pero tampoco estaba bien decirlo.

Los niños pueden ser ingeniosos, pero no es usual que un adulto esté en condición de percibir ese ingenio. Ahí donde un padre, una madre o una maestra cree ver una gema, en verdad está depositando su prejuicio. Una frase fresca, en boca de una criatura, cobra la forma de un concepto nudoso y fermentado en la cabeza de un adulto loco por legitimarse. Para entender a un niño, en general, basta con ser literal. Pero acá donde vivo –me refiero a la geografía, pero también al tiempo– la literalidad es desdeñada.

Quise saber qué era lo que había hecho Ben para «inspirar» a Miss Luli. Ella me dijo que solo se había equivocado en un ejercicio. Debían nombrar las imágenes que figuraban en una sucesión de láminas que ella había puesto en la pizarra: la primera línea era una serie de animales, la segunda de frutas y la tercera era una secuencia arbitraria de objetos agrupados bajo la categoría de *things*. Ben había cantado correctamente los nombres de los dibujos, solo que en sentido vertical:

Lion
Banana
Umbrella

Y, aunque ella debió corregirlo, se dejó deslumbrar. Pensó en acrósticos el resto de ese día. Y los que siguieron. Así fue como empezó a escribir «versitos espontáneos». Ahora casi siempre leía en vertical: descendía por la hoja iluminando palabras, no necesariamente la primera de la frase. Dibujaba serpentinas de arriba hacia abajo y de abajo hacia arriba y en una de esas aparecía el poema. Se dio cuenta de que estaba frente a una revelación, algo a la vista de todos y, sin embargo, dejado de lado.

–Vos sos escritora, vos entendés lo que te digo.

Yo asentí rápido para esconder mi turbación.

Muchas veces había pensado en la facilidad (¿impunidad?) con la que «los artistas» dicen cosas como «Trabajo con el material que tengo a mano». Y después exponen obras arbitrarias y huecas.

A ella le dije otra cosa: improvisé una metáfora pretenciosa acerca de esas montañas que bordean rutas transitadas y las personas, habituadas a su presencia, dejan de reparar en ellas. Van en el auto mirando hacia delante, tensando el camino con los músculos del cuerpo para llegar más rápido. Pero un día luminoso, o una línea particularmente baja de estrellas en el cielo, te hacen volver la vista hacia la ventanilla y entonces la descubres. ¿Siempre estuvo ahí?, te preguntas. Siempre.

–Tal cual –dijo ella, y me miró con los ojos muy abiertos.

Se hizo un vacío y pensé que debía irme. Le dije que la dejaría disfrutar su cigarrillo en paz, que quería anticiparme a la horda de padres que poblaría en cualquier momento la puerta de salida. Antes de cruzar, una chica me dio un folleto de un centro de estética que intenté leer en vertical. Pero no le encontré la gracia. Ni el sentido. Ni el poema.

Enfrente saludé al portero del colegio, que bajó la mirada con una mezcla de respeto y vergüenza. Hasta hacía poco menos de un año –antes de escuchar a mi hijo llamarme «mamá»–, pensaba que yo era una niñera que iba a buscar a los niños que cuidaba. Nunca le aclaré el equívoco, me hacía gracia. Y ya estaba acostumbrada. Mi fisonomía mestiza no se corresponde con el estereotipo de madre porteña de clase media acomodada en el que me muevo. De todas formas, el «mestizaje» es una condición, o sea, una mirada, con la que crecí.

Es así: nací en Cartagena, en el seno de una familia que empezó con un ensamble. Mi padre era viudo y tenía dos hijas cuando se casó con mi madre. Mis dos hermanas mayores, de piel clara, ojos pequeños, contextura gruesa, se parecen entre sí. Del segundo matrimonio de mi padre nacimos tres hermanos muy distintos, aunque hay algo que se junta entre las cejas y los ojos que, según algunos, nos hace ser leídos como parte de lo mismo. Del resto, mi hermana C. es blanca leche, su cara tiene la belleza clásica de un camafeo, su cuerpo es macizo pero firme, como el de la gente saludable. Mi hermano es negro sin matices, negro y fibroso como el África que nos corre a todos por las venas (aunque a algunos se les note más), pero los rasgos de su cara son los de un noble español. De chico era parecido a Vin Diesel: lo usaban de modelo, sus pectorales al aire; de grande es una versión gentrificada de Mario Baracus. Yo estoy en el medio de ambos:

marrón, de pelo y rasgos más bien indios. Mis amigas del colegio me llamaban Pocahontas. Las fotos en las que aparecemos los tres (a los cinco, a los veinte y a los cuarenta años) parecen publicidades de Benetton.

–¿Cuánto pensás que vale ese vehículo? –me había preguntado, tiempo atrás, el portero del colegio.

Era para darme charla mientras esperaba. Como todos los días, aquella vez la vereda de enfrente estaba sembrada de camionetas encimadas sobre las raíces de los árboles, tapando rampas para discapacitados y coches de bebé, y bloqueando el acceso al túnel. El policía que deambulaba por esa cuadra se había hartado de poner multas. Ahora, le había contado al portero, solo anotaba las patentes para después proceder a otro tipo de intimación. Le dije que no tenía idea de cuánto valía «ese vehículo». Él insistió:

–¿Trescientos, cuatrocientos mil verdes?

Me encogí de hombros. Entonces dijo que una vez el policía le contó que le puso una multa a una camioneta, escaneó la placa con ese aparatito que les daban y no alcanzó a llegar a la esquina cuando el aparatito le avisó de que ya la habían pagado:

–Porque ellos pagan por el celular, ¿viste?

–¿Y eso qué quiere decir? –le pregunté. Había conseguido enlodarme en su razonamiento.

–Que no les importa la multa –me explicó–, que no les hace ni cosquillas.

–¿Y la grúa? –seguí–. ¿Por qué no llaman a la grúa?

Y él que sí, que claro que la llamaban, pero la grúa tardaba tanto que, cuando llegaba, ellos ya se habían ido.

«Ellos» eran las madres y los padres del colegio entre los que el portero no me contaba entonces. Ellos siempre tenían prisa, aunque su look fuera relajado: ropa holgada, neutra y cara; lentes oscuros y el iPhone en la mano. Clamaban por sus hijos en la entrada para que la maestra los sacara y les hiciera una entrega rápida, como si fueran paquetes explosivos. Después sobreactuaban el reencuentro porque se sentían observados. O quizá no, quizá era un arrebato genuino a través del cual canalizaban –canalizábamos– sus –nuestras– carencias. Las únicas que esperaban con paciencia a que les entregaran a sus niños eran las niñeras. Supongo que era una manera de alargar su fugaz tiempo en soledad. Apenas recibían al niño retomaban su trabajo y adoptaban, como los padres, la actitud de estar batallando contra un tiempo avaro. Estar con niños requiere esa celeridad, esa impaciencia, esa contracción en el gesto: ¡permiso, ábranme paso, auxilio, voy con niños!

Segundos antes de que se abriera la puerta del jardín y comenzara el griterío, apareció el policía, saludó al portero y se situaron en una esquina del pequeño tumulto: testigos y cómplices, sonrisa insinuada. El policía estiró el hocico para señalarle al portero a una madre que no era del grado de ninguno de mis hijos, pero yo la ubicaba: tenía una cartera Fendi original que usaba casi a diario; tenía mala relación con su esposo (los había visto discutiendo a los gritos en la camioneta, ventanillas bajas, desangrándose en público); tenía un quiste benigno en el ovario izquierdo que, en el verano, se iba a operar en Phoenix. Algunas madres del chat B decían que en verdad se iba a hacer una lipoaspiración y a sacarse tetas porque tenía muchas.

El policía le dijo al portero algo que no escuché.

Si quisiera inventar una línea de diálogo para cerrar este fragmento y poner en escena mi prejuicio, sería algo como esto:

–Con lo que sale esa cartera, yo vivo un año.

Ese verano percibía un malestar que no era nuevo. Algo se había estado macerando, podía olerlo, podía incluso anticiparme y esquivarlo. Vivía con una sospecha constante, un ruido molesto que no se iba, y cuando entraba a mi casa me quedaba clarísimo cuál era mi misión: procurarme un buen adentro. Un adentro amable, almidonado, porque el afuera no lo era. La idea era antipática, lo sabía, pero la bestia no se iba por no nombrarla. Así le llamaba mi tío José Antonio al monte que rodeaba su casa en San Jacinto, un pueblo a unos 100 km de Cartagena: la bestia. Se levantaba a la madrugada, empuñaba su machete y castigaba la maleza: «No me vas a ganar».

Cuando era chica, diciembre era la época

que más me gustaba del año porque en Cartagena el calor amainaba y porque terminaba el año escolar. Aquí, en Buenos Aires, en diciembre empieza el verano, o sea que el calor arrecia y la humedad es un gusano que te va comiendo los huesos. Pero también me gusta porque se terminan las clases y las corridas por las calles cada mañana para que no nos cierren la puerta del colegio. La calle, en una ciudad como esta, representa la agonía. Prefiero no salir, pero me obligo. ¿Por qué? Porque todavía me empeño en ser «civilizada», aunque quizá un día se me pase. Por ahora sigo pensando que alguien que no pisa la calle, que prefiere encerrarse (en su casa, en su camioneta, en el patio de la escuela) y desconocer su ecosistema más allá de la primera órbita (o sea, evitarlo en la medida de lo posible), es un detractor de la civilización.

Les había anunciado a mis hijos que estábamos ante cambios cruciales: además de irnos del colegio, nos mudaríamos de casa. La gente cercana me decía: «Son muchos cambios para ellos», aunque yo solo contaba dos. Una amiga me dijo: «No se puede acomodar una casa con niños revoloteando, buscales una colonia». Cedí al consejo y los inscribí en una que funcionaba en un club mustio y sobrepreciado. En esta ciudad hay muchos lugares que cumplen esas dos condiciones. «Decadencia», le llaman. Se nota más cuando tienes hijos. Las plazas se rompen, las arreglan y se vuelven a romper. Hay baches en las veredas, los monopatines se traban, los niños se caen y se abren el mentón, y en la guardia tardan. La dermatóloga te dice: «Si lo cosían a tiempo, no quedaba marca». Y te receta una crema carísima para borrar la cicatriz. Una madre te dice: «La piel de los niños se renueva todo el tiempo, no gastes en cremas». Igual la compras, pero no la usas.

La colonia era una costumbre local que desconocía. Cuando era chica, en mi ciudad, las vacaciones eran un abismo de ocio, o sea, de aburrimiento. Me gustaba aburrirme, en esa época todavía no lo sabía.

–¿Por qué se llama «colonia»? –pregunté.

–A lo mejor porque imita un enjambre –me dijo una madre–, una comunidad de bichos pequeños que se la pasan zumbando y te aturden.

Las madres (también por fuera de los libros) debemos ser sarcásticas. El amor tradicional, fervoroso, protector, no está bien visto.

Los primeros días de colonia, cuando sucedía eso que llaman «adaptación», esperábamos a los niños en un bar. Algunas con nuestras *laptops*, en actitud productiva. Lo mío consistía en perseguir a los gremios que me debían trabajos en la obra que, si bien había llegado a un punto de acabado que me permitía llamarla «casa», no estaba del todo terminada. La obra había tardado más de lo previsto porque durante un tiempo algo prolongado estuvo acéfala.

El arquitecto que había diseñado el proyecto vivía en otra ciudad, así que hubo que contratar a otro para que la gestionara. Pero este segundo arquitecto chocaba con las ideas del primero y no conseguíamos avanzar. Ambos eran varones mayores, solo que el primero era brillante y soberbio y el segundo era negligente y soberbio. Después de grandiosas discusiones sobre asuntos que no tenían nada que ver con construcción, el arquitecto gestor fue reemplazado por una arquitecta.

En mis mañanas de adaptación en la colonia, le escribía a mi marido para preguntarle cosas: «¿Estás seguro de que el mosaico granítico no se va a manchar en la cocina?». Y él contestaba: «Cambialo por otro». Entonces le escribía a la arquitecta: «¿El porcelanato es muy ordinario?». Y la arquitecta: «El porcelanato es perfecto para ese sector». La arquitecta era joven, resolutiva y, por supuesto, soberbia. Me hablaba de un modo tajante que me convencía.

M. iba a volver para la mudanza, luego nos iríamos todos a Madrid, y luego yo me iría sola a Colombia a entrevistar a una mujer a quien venía persiguiendo hacía meses. Una exguerrillera en proceso de reinserción. Era arisca, solo había aceptado hablar personalmente en el pueblo donde vivía. Miento. No había aceptado, pero se lo estaba pensando. Había dado un testimonio para un documental que estaba haciendo un amigo, alrededor de ese concepto tan *trendy* por esa época: la resiliencia. Cuando mi amigo me contó su historia me enfrasqué en conocerla, quería escucharla, solo escucharla y morderme la lengua para no preguntarle estupideces. No es tan articulada, me advirtió, le había costado mucho sacarle frases «limpias». No me importa, le dije. «Pero ¿qué piensas escribir?», me preguntó mi amigo, y yo le dije la verdad: nada. Solo quería charlar. «Pero ¿por qué?», insistía él.

Qué curioso que pensara que había que tener un motivo. Después del proceso de paz (que puso en la calle a montón de excombatientes antes «escondidos»), cada vez que hablaba con algún colega en Colombia, todos parecían haber dado con el personaje idóneo para explicar el medio siglo de guerra en el que habíamos crecido. Era una pretensión mentirosa, aunque quizá inocente; la verdadera era tan llana como la mía. Para la gente de mi edad (y mi clase social), los guerrilleros eran parte de un elenco estable de la cultura, una marca de época que convivía con otros consumos populares como *Plaza Sésamo* en la infancia, o Bon Jovi en la adolescencia. Nadie imaginó que crecería para hablar con uno. Y, sin embargo, acá estábamos.

Había otro grupo de madres que no llevaba *laptops*. Se juntaban a tomar algo que ya traían en sus vasos térmicos y a conversar. Yo me calzaba los audífonos mudos, las espiaba por encima de la pantalla y escuchaba: «En Santiago, Sofi se enfermó, la llevamos a la clínica alemana». Otra: «Es buenísima: tienen esos termómetros Welch Allyn, no esos aparatosos que hay acá». Otra: «... que la mitad de las veces no funcionan». Sabían cosas. No eran sarcásticas. No sé si no les salía o si no les interesaba serlo. A ninguna se le ocurría disimular su privilegio. Tampoco hacer alarde. Su privilegio consistía en poder normalizarlo.

Nadie puede ser un solo tipo de madre: saltas de un lado a otro de la línea, según la circunstancia. No es tan difícil, el secreto es poner el foco en los niños. Eso no falla. Cuando estoy con otras madres esperando en la puerta del colegio a que salgan mis hijos, me pregunto quiénes eran antes. Y si esa mujer que fueron antes las persigue y las juzga; si se les para detrás como una sombra que cada tanto les grazna al oído para atormentarlas: «El mundo te odia y también a tus hijos». O: «Estás sola en esta, ¿te diste cuenta?». En la puerta también hay padres, pero son menos. Tengo la sensación de que incluso los padres más comprometidos con la crianza de sus hijos son piezas pivotantes.

En ese momento todavía podía adaptarme a casi cualquier grupo de madres, aunque unos me costaban más que otros, como el de las madres antivacuna. No tanto porque me parecieran peligrosas, sino egoístas –puede que sea lo mismo–. En la jerarquía de valores universales, casi todas las madres que conozco privilegian la solidaridad de grupo. Entre ellas se produce una endogamia a favor de los hijos. Eso no siempre es bueno porque, para que el valor emerja en todo su esplendor, se necesita, sí o sí, de un enemigo. Pero a veces es bueno, porque los enemigos existen. En la jerarquía de valores universales, las madres antivacuna privilegian su convicción obstinada. Eso nunca es bueno.

En la colonia se dio una discusión sobre las vacunas porque se sabía de un chico no vacunado que había contagiado de varicela a toda la salita del jardín. Esa misma salita estaba haciendo la colonia, ya todos tenían el alta médica. Algunos tenían, también, marcas en la piel –y madres enojadas, sedientas de venganza–. En esa época todavía me parecía que la decisión de no vacunar a un hijo, al menos en este caso, era polémica pero privada; pero la de mandarlo al jardín sin el alta médica era un modo bastante claro de decir: «Mira cómo mastico y vomito tu contrato social»; «Mira cómo contamino tu ecosistema curado y prístino con mi rebeldía».

Lo dije en la charla de madres:

–El problema no es tanto que no lo vacune, sino que lo mande enfermo al jardín.

Alguien contestó:

–El problema es ella.

Las discusiones entre madres, la mayoría de las cuales sucedían en los chats, solían encenderse cuando se planteaban dualismos peligrosos, como el de las vacunas. Este es uno de esos tópicos que expone sin matices la ideología de quien habla, en aspectos desconocidos incluso para quien habla. Este, además, es un tópico sesgado. El primer sesgo es que solo en un entorno acomodado se plantean las decisiones de «salud pública» como una elección. No deja de ser un lujo sentirse amenazado por lo hipotético, lo invisible, en la misma geografía donde niños pequeños mueren por una herida de bala, por un golpe de su padre, por desnutrición, porque se fueron por una alcantarilla destapada y los bomberos, bien, gracias.

Estas discusiones me acercaron a conceptos como «inmunidad de rebaño», que en unos meses me sería útil para posicionarme frente a la pandemia que se venía. Mientras mis hijos crecían leí tanto sobre vacunas que, más de una vez, modifiqué mi postura frente a algo que creía tener bastante resuelto: yo a los míos los vacuno, tú con los tuyos haz lo que quieras. Pues no. Porque entendí que no vacunar es hacer una excepción especial solo para uno mismo y que, encima, no es una excepción in-

ofensiva. La madre médica de la sala de V. solía zanjar las discusiones sobre este asunto con
el mismo dato fáctico: que a la persona no vacunada la protegen también los cuerpos que la
rodean, mientras que una persona vacunada resulta mucho más vulnerable si la rodean cuerpos no vacunados, portadores –silenciosos o
no– de enfermedades. La única madre abierta-
mente antivacuna del grupo opinaba poco (supongo que por temor a la jauría), pero una vez
alcanzó a decir que las vacunas eran una «imposición» (y un «curro de los laboratorios»,
añadió) y que no vacunar a sus hijos no solo
era un modo de cuidarlos, sino de defender su
libertad. Estaba convencida de que su rechazo
a la vacunación era una forma de desobediencia
civil loable.

La médica le contestó esto: «La mayoría de
nosotros no necesita ser vacunado contra enfermedades con las que ni siquiera estamos en con-
tacto, eso es verdad, pero la inmunidad es un
espacio compartido, nuestros cuerpos no son
fronteras y la salud de un pueblo funciona cuando la mayoría se moviliza para proteger a la mi-
noría».

A la luz de hoy, su explicación (que atesoré
como un lingote en una captura de pantalla)

me resulta una metáfora ajustada de la hipótesis de este texto, que no es sobre vacunas, pero podría serlo.

Aquella vez, su comentario tuvo adhesión mayoritaria. Solo se abstuvieron esas mismas que, ante casi todos los debates –campamentos: ¿con o sin pernocte?; Día del Maestro: ¿regalo real o regalo simbólico?; *drop off* de niños en la puerta, ¿sí o no?–, contestaban con la frase: «Soy imparcial».

La mujer a la que quería entrevistar había dicho en uno de sus testimonios que para pertenecer a un conjunto debes renunciar a tu individualidad, y no hay versión más rotunda de la individualidad que el apego a la vida. O sea, que si tu vida te gusta mucho (o, dicho de otro modo, si te gusta mucho estar vivo) no servirás para un proyecto colectivo.

El hermano del niño de la varicela también iba a la colonia. Las madres estaban en alerta: lo miraban demasiado, los ojos bien abiertos, buscándole granos insinuados. Un día no fue, se supo que se había contagiado y que estaba muy mal porque, afirmó una, «a los no vacunados les agarra con más fuerza». «¡Pobres niños!», dijeron las otras, pero estaba claro que pensaban en los suyos. Decidieron mandar una nota a la dirección de la colonia para exigirle que no dejara volver al niño enfermo hasta que el médico del club le diera el alta. No podía ser un médico cualquiera, abundaban las altas truchas. La colonia accedió de inmediato. Al día siguiente la madre del niño enfermo escribió al chat: «Si quieren les entrego a mi hijo desnudo para que lo inspeccionen con lupa. ¿Eso les gustaría?». Pero nadie alcanzó a contestarle porque salió del grupo.

La mañana siguiente hubo más madres en la cafetería.

«Lo hicimos por nuestros hijos.»

«¡Y los de ella!»

«Es una inconsciente.»

Madres conscientes y madres inconscientes, otro dualismo peligroso. Pero la conciencia, en este caso, no era solo la unidad en mi cabeza entre pensamiento y sentimiento; otra vez: la conciencia no podía ser una cuestión privada. Esa «voz interior» a la que tantas madres acudían para justificar sus acciones debía estar dentro de estándares morales defendibles por el conjunto.

«Que no me los toquen.»

«Mato, ¿eh? Mato por ellos.»

Llovían frases extremas, piedras de fuego. Fue el velorio del sarcasmo.

En términos generales, yo estaba de acuerdo con ellas, pero aun así no me sentía parte de ese saco de creencias que nos hacía ser «un conjunto». Y entendía que era porque, cuando un conjunto se obsesiona tanto consigo mismo que no admite cuestionamientos, pasa a ser la extensión de un narcisista. Incluso –¿o sobre todo?– cuando ese saco de creencias se ampara en el bien común, tiende peligrosamente hacia el prejuicio. El triunfo del conjunto frente al *deleznable individualismo* nos da la sensación de ser infalibles, y esa sensación viene mal acompañada por la arrogancia de revoleártela en la cara.

Me tragué la charla con el café ácido que sirven, casi indefectiblemente, en todos los bares porteños y pasé a analizar el porcelanato gris cemento que había elegido para la planta baja de la casa y que ahora, ya colocado, no solo me parecía ordinario, sino soso e impersonal. Decidí que, cuando lo describiera en el futuro, usaría otras palabras: sobrio y discreto. Un leve trueque de adjetivos. ¿No es lo que hacemos todo el tiempo? ¿Editar nuestra autopercepción?

–¿Vos qué pensás? –me preguntó una madre.

Que «para pertenecer a un conjunto debes renunciar a tu individualidad».

Que, según desde dónde se mire, *conjunto* puede confundirse con *secta, conciencia* con *fanatismo, imparcialidad* con *desinterés*.

Que, a veces, la cohesión en un grupo humano se levanta sobre grandísimos equívocos.

–Acá todas queremos lo mismo –siguió la madre.

Definamos «lo mismo».

–... ¿o no? –insistió.

Pensé que sí, pero por razones distintas.

Insisto: tengo hijos.

Aprendí que esa frase equivale a decir: «Tengo la vista amplificada».

Desde que tengo hijos me importa más el afuera, o sea, padezco más el afuera y a quienes lo habitan. Si estuviera sola, lo llevaría de otra forma. Con más cinismo y menos virulencia.

Hace años, cuando era soltera y vivía en el microcentro porteño, a media cuadra de la emblemática avenida Corrientes, recibí una visita de mi madre. Por la ventana de mi nuevo departamento se veía el teatro Gran Rex. Me encantaba vivir ahí a pesar de la sobrepoblación de oficinistas y yonquis. Cuando llegó mi madre se aterró. Las dos veces anteriores me había visitado en sectores más residenciales, vecindarios más sofisticados.

–Bajaste de estrato –me dijo, a la vuelta de nuestro primer paseo.

Algo similar dijo mi suegra cuando visitó nuestra casa nueva, que quedaba en Saavedra, a unas diez cuadras de la vieja, que quedaba en Núñez. El nuevo barrio era más familiero, menos chic.

–Esto es barrio barrio –fue su frase. Una expresión que usan en Buenos Aires para referirse a un sector más bien popular.

Yo miré a M., él se encogió de hombros y dijo:

–Bajamos de estrato.

Y su madre:

–¿De qué?

Para entender la expresión, le faltaba Cartagena.

Mi ciudad se divide en estratos sociales. Cuando me fui había seis, pero las últimas veces que volví supe que se habían encimado dos, algunos decían que hasta tres.

–Ese nuevo barrio, dizque Barcelona de Indias –me contó mi hermana C. en una de mis visitas–, es como estrato ocho.

Mi sobrina la corrigió:

–Ocho mil, mami, viven en estrato ocho mil.

—En la estratósfera, viven —rió ella.

Uno sabe a qué estrato pertenece porque te lo dice la factura del gas, del agua, de la luz. Quiero decir, es un dato objetivo. La justificación de los estratos sociales es económica. Si vives en un estrato más alto, pagas más por los servicios que recibes (luego, es lógico pensar que los servicios son mejores). A veces, la diferencia entre un estrato y otro es una calle. He visto gente expresar desprecio o admiración, según el lado de la calle en el que te pares. En Cartagena tu destino está determinado por el barrio en el que naces. Incluso si creces, ganas plata y te mudas a una zona más pudiente, la cuna te sigue marcando: pasas de ser un corroncho a ser un *wannabe*.

Cuando conocí a M., en una de esas charlas fundantes, le conté acerca de la estratificación grotesca que había en mi ciudad. Después, cuando M. visitó mi ciudad, pensó que me había quedado corta.

La primera vez que tuve noción del concepto «estrato» debía de tener unos cinco, seis años. De niña vivía en un suburbio alejado del centro de Cartagena, cerca de un pueblo, Turbaco. No era un lugar pobre, pero sí era un lugar precario. Las casas eran chalets bonitos y amplios, con patios sembrados de árboles frutales y galerías flanqueadas por helechos tupidos; pero el proyecto inmobiliario había quedado trunco y fallaban cosas esenciales. Todo. La verdad es que fallaba todo. Lo más grave era la falta de agua. Las casas tenían que hacerse pozos y/o aljibes, e invertir en bombas de elevación para llenar un tanque que alimentara las cañerías que iban a baños y cocina. Cuando no salía agua del grifo –porque ni con toda la parafernalia alcanzaba para proveerse– nos íbamos al patio y nos bañábamos con totuma, y, si era muy temprano, la empleada entibiaba el agua en una olla y la llevaba a la ducha para que no tomáramos frío. Lo de usar el inodoro era más escrupuloso, porque había que llevarse el balde con uno, encerrarse a hacer lo propio y, al final, lanzar el agua en la taza con la pericia suficiente –altura, impulso, precisión– para conseguir que el inodoro tragara y no salpicara. Para mí era normal vivir así. Hasta que supe que no todo el mundo vivía así.

Una vez, mis tíos de Venezuela vinieron de visita. En los años ochenta Venezuela era el primer mundo y la visita de mis tíos equivalía a un baño de glamour. Íbamos a salir y mi mamá se demoraba poniéndose sus cremas, que eran muchas. Mis tíos se impacientaron:

–No entiendo para qué se pone tantas cremas –dijo mi tía.

Su marido contestó:

–Para no tener que bañarse, ¿no ves que no hay agua?

Se rieron. Yo me alejé sin que nadie me viera y me puse a llorar. Las cremas de mi mamá eran importadas (de hecho, algunas se las traía mi tía de Caracas), olían bien, costaban caro, pero con ese comentario dejaron de ser un lujo para convertirse en una careta que ocultaba la mugre, es decir, la vergüenza. De ahí en adelante fui cada vez más consciente de las contradicciones de mi entorno, que representaban a cabalidad esa expresión que después aprendería en la universidad y me explicaría la porción de planeta donde sigo habitando: modernización sin modernidad. Mi barrio era una pequeñísima abstracción del tercer mundo aspiracional. Hacerse un palacio en un chiquero. Invertir en el adentro y abstraerse del afuera. Pero ¿cuánto tiempo puedes abstraerte? Más temprano que tarde, el barro se te mete por debajo de la puerta y te mancha las alfombras.

Años después mi familia se mudó de la casa grande, bonita y sin agua a una más pequeña y austera, pero ubicada en un mejor barrio. Manga, estrato cinco. Pasamos de ser cabeza de ratón a cola de león: eso era algo que repetía mi madre constantemente, a veces con pesar y a veces con alivio.

Antes de tener hijos mi filosofía de vida era la evasión: libros, películas, alcohol; y hacía sociales con un círculo de amigos muy afín. De eso solo quedan los libros y el alcohol.

–Acá ya no se hacen casas, sino escondites –me dijo un día la arquitecta, cuyos últimos trabajos habían sido en barrios privados y le resultaba increíble que nosotros estuviéramos invirtiendo en la ciudad.

Ella también había invertido. Vivía en una casa a pocas cuadras que había sido de Clorindo Testa. La diseñó, la construyó y la vivió Clorindo en persona.

La suya y la mía son casas cuyos espacios interiores y exteriores dialogan todo el tiempo a través de semicubiertos, dobles alturas, canteros de plantas que entran y salen a capricho. Pero, al mismo tiempo, son casas construidas de espaldas al afuera. Desde la fachada es imposible adivinar si detrás del portón hay una veterinaria, una ferretería, una residencia.

Rodolfo Livingston fue un arquitecto argentino que creó algo llamado Arquitectos de la Comunidad, en Cuba; era una especie de consultorio que atendía las necesidades habitacionales de los barrios. Él pensaba que, así como buena parte de las casas familiares podían crecer agrandando los ambientes existentes, incluso sumándoles otros sin aumentar la superficie cubierta, las ciudades también podían (y debían) implementar ese método. Crecer dentro de sí mismas sin hacinamiento, disminuyendo la superficie habitacional que se agrega en la periferia. ¿Y cómo se podía hacer eso? Planteando más y mejores viviendas dentro de las redes de servicios existentes, manteniendo a la población dentro de su barrio, no reubicándolos afuera, implementando esta idea de que la casa no es solo la casa, sino también su contexto, porque urbanismo y arquitectura son aspectos de una sola realidad: «No se puede pensar una casa sin su entorno, sería una casa en el aire» (de alguna manera es lo mismo que decía la madre médica sobre la inmunidad como un espacio compartido).

La famosa Ciudad Radiante de Le Corbusier fue más drástica y sofisticada en su propuesta. Pero coincidía, a grandes rasgos, en la idea de cubrir la menor superficie posible con viviendas para darle más lugar al espacio común. En el proyecto de la Ciudad Radiante las zonas edificadas solo representaban el 15 %, el resto era el verde, el aire libre, el afuera compartido. Las casas más emblemáticas de Le Corbusier son pequeñas y esbeltas (crecen para arriba), tienen lo mínimo indispensable para ser habitadas, porque no pretenden suplir la función social que tiene una plaza o un cine o un parque público.

Durante años he visto casas de amigos llenarse de areneros, toboganes, columpios, piletas, quinchos, *playrooms*, *home theaters*. Y rejas. He visto casas, familias y barrios engordar sus sectores internos después de comerse pedazos de un afuera cada vez más raquítico.

Conozco familias que dicen haber sido expulsadas por la «inseguridad» de la ciudad y que optaron por mudarse a barrios cerrados para vivir más tranquilos.

(Esto es un paréntesis explicativo: *inseguridad* es el término que usan en Argentina para referirse a lo que en otros países se llama «delincuencia común»: robos, asaltos y sus muchas veces trágicas consecuencias. A mí me resulta algo perturbador que el término traiga consigo la presunción de que su antónimo es también su antídoto: *seguridad* es una palabra con demasiada munición en países donde, hace nada, hubo una dictadura militar.)

El problema para quienes habitan estos barrios es que estar allí no hace que el afuera mejore o desaparezca, al contrario. La vida se convierte en una ficción insostenible, porque en algún momento hay que salir del barrio a enfrentar a la bestia y, cuando se pierde la costumbre de lidiarla, la bestia se vuelve más salvaje. Los que enfrentamos a la bestia a diario criamos esta carcasa que nos hace resistentes –a veces *resistente* es eufemismo de *negador*, o de *insensible*, o de *resentido*.

Para ese verano de 2019, una familia amiga se acababa de mudar a un barrio privado y fui a visitarlos con los niños. Era uno de los más antiguos, no tenía lector de iris en la entrada, ni cercos energizados en el perímetro, como muchos de los más recientes. Nos sentamos en el patio trasero, mirando la laguna artificial, bajo una pérgola con hiedras incipientes plantadas en los vértices y en el techo una media sombra color caqui que parecía un tejido de hojas secas. «Red de camuflaje» fue el nombre por el que la encontré en Mercado Libre cuando la arquitecta me la sugirió para la terraza de mi casa en obra; pero me pareció que sería una de esas modas que envejecían rápido y que prefería esperar a que creciera el jazmín de leche. Ella chasqueó la lengua y me dijo: «Good choice».

En el patio de esos amigos el silencio era tan inusual que mis hijos bostezaban. El camino no anticipaba ese oasis. Como muchos otros barrios cerrados de Buenos Aires, a ese lo rodeaban villas, o sea, asentamientos de gente pobre. En un tramo del camino había que bordear un riachuelo que olía a podrido. En el ranking mundial de ríos podridos, el Río de la Plata (el que nutre a los riachuelos de la provincia) ocupa el tercer lugar después del Salween y el Danubio.

Algunos meses antes de mudarse, a mis amigos –los llamaré los Racovsky– les habían robado tres bicicletas. Las habían dejado atadas con sus cadenas a un poste, mientras almorzaban en un bodegón de San Telmo. Los ladrones usaron una tijera alicate cortapernos. Cuando los Racovsky fueron a buscar sus bicicletas solo encontraron las cadenas tiradas en la vereda, retorcidas como un bicho recién fumigado. Habían ido a pasear a la reserva ecológica en la Costanera Sur y dudaron en si debían buscar un bar en Puerto Madero, el barrio que queda al lado de la reserva. Pero allí era todo tan nuevo y tan caro, dijeron, que les dio pereza –y pudor– desentonar.

Yo viví en San Telmo hace muchísimo. Ya nunca voy, pero quienes aún viven allí me cuentan que está sucio y cundido de *homeless*. Es curioso porque yo lo recuerdo así mismo, tal cual, pero en aquella época me tenía sin cuidado tener que esquivar con mi bicicleta un contenedor derramado de basura en una esquina o un par de borrachos desmayados en otra.

–Eran bicis caras –me contó ella entonces, como disculpándose.

Meses antes, al hijo menor le habían hecho sacarse las zapatillas y entregarlas en la puerta del club en el que hacía deporte. Había otros nenes esperando a sus padres, y hasta un par de profesores que se paralizaron. Sacaron cuchillos, eran tres.

El aprendizaje, según los Racovsky, era que, si vives en una ciudad como Buenos Aires, hay que modificar los consumos: nada de marca, nada llamativo, «sos un blanco móvil». Yo pensé que, así como Buenos Aires, en esa frase podría decir Bogotá o México o Santiago o Lima: porque lo determinante no es la geografía, sino la condición socioeconómica desde la que se hace esa afirmación. ¿Ricos culposos? Ni siquiera. Los Racovsky son abogados. Trabajan en un bufete (donde se conocieron), a veces viajan y les traen a sus hijos juguetes de afuera que acá no se consiguen. Yo suelo hacer lo mismo: cuando voy a eventos literarios en otros países, ya antes he comprado en Amazon los regalos que llevaré a los niños, hago que me los envíen al hotel y cuando llego ya están ahí, listos para ser guardados en la maleta –hace siglos que no piso un *mall*–. En Buenos Aires, este tipo de *gestos* no te alcanzan para ser un rico, quizá sí un privilegiado; esto, solo si consideramos un privilegio que tu hijo juegue con un Lego original que, en la difícil ecuación dólar-peso argentino, termina saliendo lo mismo que una imitación local de peor calidad.

Durante un tiempo M. y yo coqueteamos con la idea de mudarnos a Madrid. Le pedí a mi amiga S., madrileña, que me averiguara un par de datos elementales: colegios, barrios, pisos. Como S. era soltera, su estilo de vida no era asimilable al mío, así que usó a una pareja con hijitos, amiga suya, como referencia posible para mis elecciones de *lifestyle*. Dijo que ellos me darían una perspectiva bastante cercana de lo que podría ser (y costar) mi vida porteña trasplantada a Madrid. «¿Y por qué?», le pregunté, «¿cómo son tus amigos?»

–Son los clásicos pijos progres –me dijo.

–Nada que ver –le dije yo, sintiéndome rebajada a una expresión que me parecía no solo incorrecta, sino vulgar. Pijos progres, entendí, era lo que acá llamábamos «hippies con OSDE» (OSDE es una de las principales empresas prestadoras de medicina prepaga en Argentina) o lo que en el pasado naftalinoso de los setenta llamaban «izquierda caviar».

–Es un decir –dijo mi amiga–, no te lo tomes a mal.

No había modo de tomármelo a bien.

Ni M. ni yo venimos de una familia pija, ni creemos estar criando niños pijos. Pero a veces lo que uno cree de sí mismo está distorsionado y la mirada externa arroja una luz que primero quema y enceguece y después, a veces, clarifica. Me ha pasado asomarme al cuarto de mis hijos –paisaje de juguetes (*made somewhere else rather than here*) que se aprietan en sus estantes y se aplastan en sus canastos– y sentir el golpe frontal, la remembranza de cuartos de otros niños y niñas que en la infancia me provocaban una mezcla de fascinación y resentimiento. En el caso de las niñas eran habitaciones atestadas de Barbies, My Little Ponys, Care Bears, Strawberry Girls en hileras infinitas; y camas cubiertas con sus colchas abullonadas (a pesar del calor que hacía en mi ciudad) olorosas a Woolite, a las que les encimaban cojines, muchos cojines, con formas de corazón y de nube y de caramelos envueltos como un moño. Un día de verano intenso entré al cuarto de mi hija, tenía una temperatura superagradable, me senté en la cama y sentí alivio –*bienestar* sería una mejor palabra, algo suave que te envuelve–. Allí sentada, mirando a su familia Sylvanian de conejos y puercoespines, y su escritorio de roble natural con portalápices bordados en crochet crudo (una de esas ideas de la arquitecta que abracé con el fulgor de una pueblerina), tuve la sensación vívida y escalofriante de estar en el cuarto de Verónica Rodríguez Martelo. Verónica era la hija de una amiga de mi madre a quien visitábamos con frecuencia. Su cuarto tenía todo lo ya dicho y más, pero lo que más recuerdo es el aire acondicionado clavado en una temperatura que te daban ganas de quedarte a vivir. También recuerdo que la puerta permanecía entreabierta y llegaba el sonido lejano del televisor de la cocina, donde estaba plantada la empleada de servicio cocinando exquisiteces y mirando novelas de Televisa porque, lógicamente, en ese edificio había antena parabólica.

En mi casa, cada tanto, hay jornadas de limpieza. Pongo a mis hijos a elegir juguetes para donar. Les cuesta mucho, muchísimo, desprenderse de sus cosas, incluso cuando son cosas que no saben que tienen. Pero es una obligación, uno de esos dogmas pactados muy seriamente con M., y que los abuelos desmoronan en dos segundos cuando llegan cargados de regalos innecesarios pero llamativos que mis hijos celebran durante cinco minutos y después olvidan. He intentado *educar* también a los abuelos. Decirles cuánto me importa que mis hijos no sean consumistas y que valoren lo que se les da. Ellos me miran inexpresivos, como quien intenta descifrar un idioma extraño y luego lanzan ideas bienintencionadas que impactan como balas contra mi pecho: ¿y si guardas los juguetes que menos usan en el bañito del estudio, y se los vas rotando? Yo pienso: ¿y si dejan de comprarles porquerías? No se los digo, porque son buenos y amorosos. Además, entiendo la resistencia, la acumulación es una marca de su época y de su generación, destinan habitaciones enteras a guardar «lo que no se usa», como si, allí guardadas, esas cosas fueran a reflexionar acerca de su inutilidad en el mundo para luego volver con ideas superadoras.

Una vez me quejé de que no nos cabía la comida en la heladera, porque mi intención era racionar las compras. Mi suegra dijo: «Hay que tener una segunda heladera en el garaje».

«Juguete que entra, juguete que sale», repito como un loro cada vez que mis hijos reciben un regalo, venga de donde venga. No debo de ser la única madre que pierde esa pulseada mucho más de lo que la gana.

El día que visité a los Racovsky volvimos a hablar del asunto de las bicicletas, o sea, del asunto de la inseguridad. Después de los hijos y la inflación, la inseguridad debe de ser el tema más recurrente en las conversaciones clasemedieras.

Hace casi veinte años que vivo en Buenos Aires, y ya cuando llegué el asunto de los barrios cerrados me parecía distópico. Tanto que escribí una novela sobre un barrio cuyo dispositivo de seguridad –llamado «sistema womb»–, además de los habituales –muros altísimos, cercos electrificados, guardias armados hasta los dientes–, consistía en tener un *backup* del barrio mismo por debajo de la tierra. Cada casa tenía un espejo subterráneo, así como el club, el supermercado, la clínica, el colegio, las calles con su sol postizo. Si llegaba a pasar algo trágico en la superficie, los vecinos –quienes, al igual que los lectores, solo se enteraban del sistema womb en ese momento– desaparecerían en las entrañas del barrio y continuarían con sus vidas sin tener que alterar su guardarropa siquiera. Nunca la publiqué, pero con los años volví a pensar en esa historia fallida como un proyecto que alguien podría haber llevado a cabo perfectamente. Cuando voy a un barrio cerrado imagino su réplica subterránea esperando ser habitada. Un mundo enquistado adentro de otro que desconoce su existencia.

A lo de los Racovsky llevé un vino rosado que servimos con hielo.

Los niños huyeron a la piscina, que estaba helada, pero al poco rato se acostumbraron.

–Hay un tipo en YouTube que reseña autos –dijo él–, y una de las secciones a las que más le pone garra es una en la que te enseña cómo, cuando vas a comprar un vehículo, podés evitar ciertas características llamativas sin comprometer su desempeño...

Los hombres que hablan de autos se esfuerzan por apropiarse de una solvencia verbal y de una jerga que no les es propia. Siempre se les nota.

–¿Como qué características? –preguntó su mujer.

–Como las gomas, como ciertos colores –contestó él–, al parecer el color champán es un imán para los chorros.

Su mujer se rió:

–Pero ¡qué estupidez!

Entonces él también se rió, aunque no me quedó claro si compartía con ella la sensación de haber dicho algo ridículo. Supongo que se rió porque no había ningún otro varón presente para buscar complicidad. Después de la segunda copa los vi relajados y rozagantes (¿me vería yo tensa y pálida?), y pensé que la mudanza les sentaba, o que quizá se habían hecho algo en la piel o en los dientes, o tal vez era solo la luz atenuada por la media sombra, que los favorecía.

Ella arrancó otra anécdota. Todavía, recién mudados, se permitían hablar de su nueva vida con una mezcla de sorna y desconcierto.

–El otro día un pibito de unos diez años nos tocó timbre para invitarnos a colaborar para la cena anual que hacían para los pobres de los barrios cercanos.

Nuestros niños gritaban al fondo. Ella se volvió a mirarlos y su relato se detuvo unos segundos, como si estuviera recalculando algo. Después siguió:

–... me lo dijo así, tal cual, «los pobres». Y se ve que lo miré raro porque procedió a explicarme: «Es para que no sientan envidia y no nos ataquen».

Alimentar a los cocodrilos para que no se suban a la isla, como lo hacía sir Kay, el hermano díscolo del rey Arturo. Solo han pasado quince siglos.

En mi novela fallida, el barrio era asaltado, pero cuando los delincuentes llegaban ya no había nadie.

A lo largo de esa tarde los Racovsky se esforzaron en aclararme que su mudanza no se debía a los robos, sino a que querían simplificarse. Enumeraron: 1) usar menos el auto y más la bicicleta; 2) apostarle en serio al *home office* y a la huerta; y 3) que en la visual de sus días hubiese más verde que gris.

Me contaron esto mientras terminábamos la botella frente a un imponente atardecer sobre la laguna. Los niños pescaban. A lo lejos, un vecino remaba en kayak con su golden retriever.

Pensé: simplificarse es carísimo.

Pero había variantes: me acordé de otra pareja amiga –los llamaré los Valentini–, ambos artistas, que también había abandonado la ciudad para mudarse a un campo austero con su único hijo. Me enteré por sus posteos constantes en Instagram: grillos, huerta, un arroyo, ellos mismos emponchados tomando mate y el ocaso al fondo con el *hashtag #sinfiltro*.

En mi opinión, tanto los Racovsky como los Valentini demuestran un desprecio rotundo por el afuera. El afuera es todo aquello que no está contenido en el perímetro en el que un individuo erige su familia.

Yo misma, sin embargo, transo con el afuera como con alguien que te extorsiona: habito el espacio público todo lo que puedo, con experiencias más y menos adversas, y cuando llego a mi casa intento que nada se filtre. Acá no, por favor, adentro no. ¿Significa eso que lo desprecio menos?

Pienso que a cada individuo, cuando llega a la edad de la conciencia, le es dada una ramita seca con la cual dibuja una circunferencia a su alrededor. En esa circunferencia entrarán uno, dos, como mucho tres individuos más a lo largo de una vida.

Los niños entienden rápido, aunque los padres intentemos camuflarles la barbarie, que vivir en una casa linda y amable no es la regla general. La casa linda y amable está clavada en una porción del mundo (el mundo no es el planeta, a veces es la ciudad, a veces es la manzana) en donde las necesidades esenciales no están resueltas. No hace falta ser sociólogo, alcanza con asomarse y mirar: basura en las veredas, capas geológicas de mugre; parques alfombrados en mierda de perro; muchísimas personas que piden y muchas más personas que no dan; motos, autos, colectivos desbocados llevándose puestos a decenas de peatones por día; y hospitales tenebrosos embutidos de médicos mal pagados, médicos mal dormidos, médicos negligentes, médicos asesinos; mujeres en sus camionetas como tanques militares, con sus hijitos atrás, incapaces de darle paso a un peatón: ni que sea otra madre con hijitos de la mano, ni que sea un caniche perdido, ni que sea un ciego.

Así son las ciudades latinoamericanas que conozco. Jamás diría que son iguales, ni siquiera parecidas, pero hay un rasgo común que hace que la experiencia de habitar en unas y otras sea equivalente: muy pocos ricos, demasiados pobres y unos cuantos clasemedieros que, cada vez más, de un modo casi inconsciente, y en general después de reproducirse, huyen espantados del afuera. Y están, por supuesto, los sectores escindidos, islas de acceso limitado que emulan con más y menos acierto al primer mundo. Eso sí que es idéntico: toda ciudad latinoamericana tiene su pequeño Weston.

Ese diciembre ya había aceptado que no me gustaba salir, pero todavía me obligaba. También obligaba a los niños, que casi siempre estaban tanto mejor jugando en la casa entre ellos o con amigos que venían de visita, o en los parques entre semana. Por comodidad, solíamos ir a esos parques a los que solo se llega en auto y por eso casi siempre éramos muy pocos. Porque para estar ahí un martes necesitas, mínimo, tener un vehículo y ningún jefe. Los fines de semana esos mismos parques son otra cosa: hordas de personas que atraviesan la autopista caminando, buscando oxígeno.

Me parecía lógico obligarnos a salir, ni siquiera me lo cuestionaba. Había cosas que me costaban tanto más y tampoco las discutía: la clase de gimnasia, lavarme el pelo, madrugar. La diferencia con la calle era que nunca estaba tan claro que el resultado del esfuerzo tuviese una recompensa.

Yo me esforzaba en curar nuestro camino. Algo que, en el pasado, había criticado con fervor. Hacía muchos años me había mudado con un novio al Tigre, un exótico municipio ribereño al norte de Buenos Aires. Nuestra casa era un palacio centenario, el problema era que quedaba allí: en un paraje alejado, que se inundaba cuando crecía el río, pero no se parecía a Venecia. Después de explorar el pueblo los primeros días, a él se le ocurrió diseñar un recorrido invariable para ir a la carnicería, a la verdulería, a la veterinaria donde comprábamos la comida de la gata. Era un trayecto sinuoso, pero seguro; nos mostraba solo las porciones de paisaje que podíamos tolerar: árboles florecidos, calles no tan rotas, tres barquitos amarrados en un muelle, casi ningún comercio y, al final del recorrido, nuestra bella casa color durazno. Todo lo demás quedaba excluido del radar. Ese detalle, decía él, esa curaduría consciente del afuera te cambiaba el día, o sea, la vida. Una idea horrible: si uno es incapaz de abrazar su entorno, mejor que no salga, le dije.

Otro novio más fugaz me dijo que era fundamental para la autoestima que todo elemento que tuviese en mi casa fuera «bello», o sea, placentero a la vista. No importaba si era algo accesorio, no importaba si resultaba imperceptible para el resto. ¿Por qué? Porque cuando sobreviniera el caos o la pobreza (en esta parte del mundo uno espera que algo de eso lo alcance) se me haría más llevadero. Para eso, concluyó, sirve la belleza. Él duró muy poco. Pero tuve muchos años la mopa color fucsia que me regaló, con un elegante mango de acrílico. La mopa me hacía sentir en la casa de la Barbie. La mopa me hacía preguntarme: ¿la belleza según quién?

Hay varias lecturas posibles de este rasgo compartido: una es que me gustan los estetas, otra es que existe una población nada desdeñable en Buenos Aires –aunque, insisto, mi sospecha se extiende más a una geografía social que física– cuyas aspiraciones habitacionales están muy por encima de sus posibilidades. Creo en lo segundo. El sector social al que me refiero –clase media formada y frustrada– siente que no se merece la decadencia que lo rodea. Se queja, constantemente se queja; y como la queja no modifica, entonces opta por encerrarse en la burbuja que le sea menos adversa.

Antes, cuando no era madre, pero ya identificaba esta tendencia al encierro entre mis amigos, quería decirles: «¡Salgan!, ¡vayan al cine! Mézclense con el mundo que les tocó en suerte». Ahora me lo digo a mí misma.

Una de las cosas que me recomendó la arquitecta en la casa nueva fue poner mallas metálicas encima de las paredes para que las plantas trepadoras, en el futuro, me filtraran la vista del edificio ocupado de la manzana de atrás. Yo le dije, algo acongojada, que en el futuro ese edificio iba a dejar de ser una ruina para devenir en una torre.

–Ojalá –suspiró ella. Y me insistió–: Con unas campanillas de flor violeta podemos disimular esta situación.

Entonces, vuelvo al comienzo. Doy la puntada.

Ese diciembre, mientras embalaba cajas en la casa vieja, descubrí la libreta de apuntes y me propuse articularlos, ordenarlos, extraerles la esencia que ahora derramo acá. Me paré al lado de quien había tomado esas notas, hombro con hombro, y miré con ella eso mismo que había mirado años atrás, con la esperanza de captar algo más allá de lo visible.

Acá algunas de esas notas:

Un niño de seis años entró con su padre a un local de donas del barrio y se cayó por un hueco que había en el piso. Era un depósito. La puerta quedó abierta «por accidente». Sufrió una fractura múltiple de cráneo. El lugar cerró por dos días. Volvió a abrir sin ninguna modificación. Miento: el precio de las donas subió.

A J. le gusta ir a una calesita del barrio donde el dueño entrega la sortija a discreción. Eso me contó M. Él siempre la lleva, porque la calesita tiene un techo de plástico con moho que a mí me da alergia. ¿Qué les cuesta cambiarlo? ¿Qué les cuesta lavarlo? A J. nunca le toca la sortija. Ahí mismo una mujer llamada Estrella alquila atriles y acuarelas para que los niños pinten. Les pone un delantal, les muestra una carpeta desgastada para que elijan la impresión que les guste. Los niños hacen fila, pero hacer fila no sirve de nada porque ella cuela al que le parezca, aunque llegue de último. Ayer

J., cansada de esperar, se puso a llorar. (J. tiene unos pulmones potentísimos.) M. le preguntó a Estrella por qué había hecho pasar a ese niño antes que a los demás, si no hizo la fila. Estrella alzó los hombros, la picardía en el gesto. M. le dijo a Estrella: «Sos una corrupta». Luego al dueño de la calesita: «Vos también». Se retiró con J. a upa. Le gritaron loco.

Fuimos con amigos al club de remo de un pueblo cercano. El lugar es 1) generoso en sus espacios; 2) enclenque en su infraestructura. La pileta estaba sucia, nos quejamos ante el encargado. Nos dijo: «Hay otra que está limpia, pero es cara».

Ese mismo lugar ofrecía cabañas. Pregunté a la administradora por la que me gustó más –que también era la más cara–. Ella la describió como «de otro país». ¿Ah?, me pareció que había oído mal. Ella: «Digo que es tan linda que parece de otro país». Ya.

Los espacios amables –una pileta limpia, una cabaña bonita, comida fresca y saludable– son caros. Muy. Lo sé. Los pago casi invariablemente. Me rendí por cansancio: acepté que vivo en un lugar en el que acceder a espacios/productos aceptables –nunca lujoso, nunca extravagante– significa, sobre todo, comprárselos.

Modernizaron la plaza del barrio. Quedó preciosa. Se la ve limpia, llena de plantas. ¿Cuánto va a durar así? Acá cuando se inaugura algo –un parque, una plaza, una calle peatonal– muchos (demasiados) acudimos golosos. Cuando uno llega a un espacio nuevo a la semana de haberse inaugurado, ya lo encuentra gastado.

Hoy fui a la plaza con J. en el fular y con V. de la mano. Una mamá desconocida me contó una cosa horrible: ayer un perro sin correa entró al arenero, le mordió la cara a una nenita, corrieron a la guardia, parece que perdió un ojo.

«En la plaza nueva ya hay ocupas», me dijo la cajera del argenchino.

Lo sabía, porque V. se hizo amigo de la nena que vive allí: tiene un colchón y una frazada mugrienta. Tiene unos ojos pequeños y duros como si miraran siempre algo que está lejos. No tiene madre. O sí, pero no está. «¿Dónde está?», pregunté yo. «Trabajando», dijo ella. «¿Dónde?», dijo V. «En el semáforo.» Ya.

A la tarde le llevamos cosas que V. juntó. Una bolsa de dormir, frazadas limpias, una almohada, un peluche de Pitufina, comida, ropa. Camino a la plaza, cargados como estábamos, V. se detuvo, recuperó el aire, me preguntó: «¿No es más fácil regalarle una casa?».

Cerré la libreta. Estaba repleta. Me abrumé: si las palabras tuviesen volumen, se desbordarían por los costados. Con la distancia de los años pienso que nada de eso lo recuerdo tan grave. Después me digo que debe de ser porque, justamente, guardé todo ese malestar en la libreta de notas para sacármelo de encima. Como quien colecciona piedras y después se las olvida en un cajón. Una amiga me dijo hace años: «He ido acumulando penas toda mi vida, el secreto es guardarlas donde nadie más pueda verlas». No lo dijo apesadumbrada.

Un galpón de penas = Un libro de quejas = Un cuaderno de notas.

Habíamos visto pasar a muchas niñas y niños sin casa por aquella plaza de juego y por otras más. No siempre les llevamos cosas. Casi nunca les llevamos cosas. La verdad es que a la única que le llevamos cosas fue a esa amiguita fugaz de V. Recuerdo la impresión que me dio ver a su madre: debía de tener diecinueve, veinte años. La hija tenía seis. Y cuando nos vieron llegar, ambas se acercaron a nosotros contentas, aunque algo cautas, como esas mascotas que primero se refriegan contra tu pierna y después se te trepan a la falda.

Los niños se hamacaron. La madre me habló mucho y atropellado. Nunca dijo nada que me diera pie a responder.

En mi niñez nunca hablé con un pobre.

Mi abuela decía que había que ayudar a los pobres, darles todo lo que nos cupiera en los brazos sin temor a quedarnos sin nada porque Dios nos lo iba a devolver triplicado. Pero no había que mezclarse porque nos podíamos enfermar: «Cada quien tiene sus propias bacterias». En Cartagena hasta las bacterias tenían estrato. No sé si por eso mismo (o porque lo había aprendido de su madre, y su madre de su madre, y así), la empleada de mi abuela no se sentaba a comer con la familia. Se acuclillaba en un pretil a la salida de su cuarto y enterraba la cuchara en un plato hondo de plástico rojo. «Pero, Misledis, por favor, busca una silla, come en la mesa», le decían mi mamá, mis tías, mis tíos, cuando la veían ahí agachada. Y Misledis soltaba una risotada con la boca llena, como si le estuviesen haciendo cosquillas. «Déjenla tranquila, a ella le gusta ahí», decía mi abuela, y Misledis la miraba con devoción. Mi abuela era tan dulce que era difícil que algo que saliera de su boca, por chocante que fuera, te resultara mezquino. Crecí así, escuchando exabruptos embadurnados en melaza.

Años más tarde visitaría Cartagena con M., los niños y una familia amiga. Alquilaríamos una casa en el centro histórico que incluía «staff»; *staff* es un modo eufemístico de nombrar a las señoras que nos servirían durante nuestra estadía. «Las niñas están a tu disposición», me diría el dueño de la casa, refiriéndose a su *staff*. «Las niñas te limpian, te cocinan, te lavan la ropa, te hacen los mandados, te cuidan a los niños, te atienden la visita.»

En la casa que estaba dejando aquel diciembre, solía juntar ropa en bolsas y las guardaba en el clóset del bajo escalera. Cuando alguien tocaba timbre para pedir, se las daba. Después, me ahogaba en contradicciones. Dar me hacía sentir paternalista, pero no dar me parecía peor. En el chat de mis excompañeras de colegio a veces se armaban jornadas de ayuda alimentaria parecidas a las que hacíamos en el colegio: cada miércoles llevábamos bolsas de alimento no perecedero a un barrio pobre. «Caridad», le llaman los católicos. Como me aparté muy rápido del catolicismo, supongo que también me aparté de la caridad. Pero la inercia me quedó, la inercia y la culpa: por eso las bolsas. Un día el que tocó timbre fue un vecino para pedirme que no les abriera más a los mendigos porque con esa «estrategia» estaban robando casas. Esa misma semana anunciaron en el chat de la cuadra que el restaurante de la esquina –uno nuevo, elegante, farandulero– había contratado «seguridad», y que era «nuestro deber» tomarles fotos a las personas «sospechosas» y compartirlas en el chat para que los de «seguridad» se ocuparan de «retirarlos».

Las bolsas se acumularon.

Un día de lluvia M. abrió el clóset para sacar su piloto y las bolsas le cayeron encima:

–¿En serio nos sobra todo esto?

Eran más de las que recordaba. Cuando escampó las saqué a la calle, las puse en cajas de cartón al lado del contenedor de basura. No duraron una hora.

Imagino que en la cabeza de mis hijos se van sumando este tipo de escenas como esas que definen su entorno. Pienso que desde los dos años saben qué significan *ladrón*, *atraco*, *cartonero*, *sistema de alarma*, *corrupción*.

Cuando manejo suelo ir demasiado apurada como para fijarme en el entramado urbano, pero a veces, sobre todo cuando voy con ellos, me detengo a mirar lo que miran y me encuentro, por ejemplo, con gente mutilada en los semáforos. Hombres sin brazos o sin piernas, o sin brazos y sin piernas, que sostienen un cartel con los dientes en el que se puede leer: AYUDAME. No es una escena extraordinaria, y ni siquiera es lo peor que puede verse a lo largo de una avenida.

Imagino que así se van tallando los recuerdos de mis hijos.

Están expuestos a ese ecosistema desde que nacieron.

Yo los expuse.

Serán chicos que no se espanten, me digo. Sufrirán menos. A los diez años tendrán más calle que yo a los treinta.

¿Preferiría vivir en una ciudad limpia, cuidada, solidaria, sin mendigos? Supongo que sí, pero preferiría más que el lugar en el que ya vivo se curara de todo esto. Un poco, al menos.

Cuando entro a mi casa –no importa de dónde venga– suspiro de alivio. Para volver a salir necesito impulso.

Mi tío José Antonio decía que entre machetazo y machetazo encontraba tesoritos: un grillo fluorescente, el fósil de un caracol y, una vez, hasta un fajo de billetes (yo sospecho que era suyo, pero él jamás lo aceptaría porque arruinaría su historia).

A veces me acuerdo de mi tío cuando paseo con los niños por la calle. Pienso que la bestia, cada tanto, nos ofrece un bálsamo:

1) una banda muy decente ensayando en el parque; 2) medialunas recién hechas; 3) un monopatín superveloz que brilla en la oscuridad; 4) jazmines florecidos; 5) una plaza con niños amigables y padres que no miran embobados: a) sus pantallas, b) a madres solas y/o a niñeras bonitas; 6) un arco iris bien intenso sobre el río; 7) un conductor que te da paso en una esquina.

Son escasos, pero los hay.

La primera noche en la casa nueva sería el 31 de diciembre. Siete años atrás me había mudado en esa misma fecha y me dieron las doce desembalando cajas. Supongo que el patrón se debe a la tendencia inconsciente a dilatar los cambios que se saben inminentes. En palabras domésticas sería el equivalente a «dormirse en los laureles». Hacía siete años estaba sola. Entonces pensaba: si tuviera ayuda, me habría mudado mucho antes. Pero era mentira, me habría mudado ese mismo día porque más poderosa que la tendencia a dilatar los cambios es la de sumarles drama. Aquella vez, el mismo día de la mudanza, un chico con el que había salido una sola vez me invitó a festejar el fin de año con él y sus amigos. «Tengo planes», mentí. Así que quedamos en vernos después de medianoche. Seis meses después esperábamos a nuestro primer hijo y me mudé a su casa; tuvimos otra hija y nos pareció que ya no entrábamos en su casa.

En la casa nueva entramos los cuatro perfectamente.

En la casa nueva hay vidrio, hormigón, madera, plantas tropicales, una pequeña piscina redonda.

–Hay un concepto –dijo la arquitecta–: el diseño es básico, los materiales muy sencillos. ¿Por qué? Porque lo que nos importa –la arquitecta se incluyó en la oración, o sea, en la ecuación– es generar calidad espacial desde la simpleza.

Todavía no sé bien qué quiso decir, pero compré la idea inmediatamente. Me la apropié para justificar tantas otras elecciones. Hay frases que rinden, trazan una línea divisoria que te empuja a ubicarte de un lado y nunca del otro: «Generar calidad espacial desde la simpleza». Punto. Abrazo todo lo que entre en ese cerco. Aunque en el fondo sienta que está describiendo ese tipo de arquitectura concebida para que la gente normal se sienta estúpida y pequeña.

A la estructura preexistente se le sumaron algunos detalles como un puente de vidrio que une los dos módulos en que está dividida. Lo de los módulos nos precede: el arquitecto original, que era el mismo dueño, construyó en la parte de atrás una especie de búnker al que se accedía por un patio descubierto, y allí estaban las habitaciones de sus hijos. Eran seis. Detrás de todo estaba el jardín, pero no había manera de acceder a él sin atravesar las habitaciones de los hijos –pequeñas, oscuras, conectadas por puertas como madrigueras–. La habitación de los padres estaba adelante, donde también quedaba la cocina, un amplísimo estar con chimenea y el estudio. Se ve que el arquitecto –el padre de familia– quiso trazar un límite bastante drástico entre su vida privada –en la que evidentemente trabajaba, comía y dormía con su mujer– y sus hijos. Imagino a los seis niños sobreabrigados, atravesando ese patio en invierno para ir a desayunar. Cuando vinimos a ver la casa había tres fotos colgadas en el tabique de madera oscura que dividía el comedor diario de una cocina ínfima: en una estaban el padre y la madre y el Cristo de Corcovado; en otra estaba el padre con amigos en una mesa grande, levantando sus copas a la cámara; en la tercera estaban los niños en la playa, uno al lado de otro, agarrados de la mano, formando una cadeneta de muñecos sonrientes y despeinados.

Identifiqué en la hilera a una de las hijas, era la que había seguido todo el trámite de la venta. Nunca se casó, ni se fue de la casa de sus padres salvo por una temporada que estudió en La Plata; después volvió y se quedó hasta que la madre murió. Ahora vive en un departamento a pocas cuadras. Un día me preguntó por mis hijos: «¿Te salieron buenitos?», me pareció una pregunta extrañísima o, cuando menos, incorrecta. ¿Cómo sería un hijo «buenito»? Lo que importaba en esa pregunta, supuse, era identificar quién sería el juez de conducta: frente a quién debían ser buenos o malos los hijos. Difícil que una madre pueda establecer criteriosamente esa distinción. El juez era el mundo, la esfera en la que existían, el afuera. Pensé: si los hijos no son satisfactorios para el mundo, el mundo te los devuelve. Como el mar te devuelve un juguete oxidado.

En nuestra reforma conservamos la idea de los módulos, pero adelante solo quedaron la cocina y el estar. Después abrimos un hueco en el módulo de atrás para poder acceder al jardín, y a un costado de ese hueco hicimos un estudio. La arquitecta me preguntó más de una vez si estaba segura de que el estudio diera a ese espacio hueco que, seguramente, los niños iban a usar mucho porque era amplio, luminoso y terminaba en el jardín. Le dije que trabajaría cuando ellos estuvieran en el colegio, y que tampoco era tan grave ver pasar una patineta cada tanto por detrás de la puerta de vidrio. Ella asintió. Me dijo que en la edad media los artesanos dormían, comían y criaban a sus hijos en el lugar en el que trabajaban. Después chasqueó la lengua: «Por las dudas, te pondré unos *blackouts*».

El puente conecta los módulos en la planta alta: o sea, el estar original con las habitaciones de todos. En el futuro, habría noches en que mis hijos y yo nos sentaríamos en el medio de ese puente para constatar un efecto alucinante: los vidrios enfrentados hacían que la luna se viera tanto de un lado como del otro. En esa pequeñísima porción de planeta había dos lunas. Unos meses después de la mudanza, cuando viera la noticia de que el 15 de febrero de 2020 un astrónomo de la Universidad de Arizona descubrió una segunda luna en la tierra, correría a mostrársela a los chicos: «Nosotros la vimos primero».

Antes de la llegada de M., antes de la mudanza, antes de que el año expirara, todavía me quedaba limpiar. Supe de unas empresas que hacen algo llamado «limpieza de final de obra». Vino a presupuestar una mujer de ambo blanco impecable, saludó a la arquitecta con familiaridad –era la empresa que solía usar ella para sus finales de obra, me explicó: la única que era capaz de recomendar– y me pidió hacerle un recorrido por «el inmueble». La mujer tomó notas en un cuaderno, raspó los asentamientos de polvo con las uñas y después sopló. La arquitecta debía irse, pero antes le pidió a la mujer que anotara en su cuaderno, grande y en mayúscula:

–No usar productos abrasivos.

Me quedé colgada en la formulación de la frase: la orden expresada en ese infinitivo terminante.

–Tranquila, todo se limpiará con trapo húmedo, no usaremos ningún producto.

Recién ahí reaccioné: a mí no me tranquilizaba que no usaran productos. A mí me gustan los productos. En un ranking de olores preferidos, el del CIF ocupa una posición muy alta.

Pero, al parecer, los productos de limpieza son a las superficies nobles lo que la nicotina al cuerpo. El carpintero, un purista de su oficio, también me lo había advertido: «La madera es madera hasta que le pones Blem». ¿Ah, sí? «Sí, por favor no la arruines.»

De soltera me ilusionaba volver a mi casa el día que iba Norma porque abría la puerta y me atacaba un olor a productos. La limpieza es una marca, o varias. Ese aroma artificial que reconocemos como «a limpio» me produce una felicidad irracional. Lo mismo que el de las sábanas que se secan al sol: me dan ganas de envolverme en su tibieza y aspirar hasta la anosmia. Tolero muy mal la suciedad, y eso es una maldición porque esa intolerancia es directamente proporcional a mi poquísima habilidad (y vocación) para mantener una casa limpia. Lo hago con esfuerzo, pero sin disciplina: limpio lo mejor que me sale, tardo horas, el resultado nunca es bueno. Todas las personas que conozco limpian mejor que yo.

Me aterraba que me pasara con mis hijos lo mismo que con las casas: quererlos limpios, despercudidos, perfumados, y ser incapaz de realizar esas tareas con rigor y eficiencia. Fue justo lo contrario: adoro bañarlos, ponerles el jabón, el champú, enjuagarlos hasta que brillan y secarlos con la toalla que he puesto a entibiar antes en el radiador. Después los encremo, los peino, les pongo el pijama (también entibiado previamente) y los siento a comer. Cuando llega ese momento me alejo un poco, tomo distancia para mirar la foto de las dos criaturas impecables, listas para ser alimentadas, y me da la sensación –tan poco frecuente– de que hay algo que me sale bien. Es decir, algo cuyo resultado me deja satisfecha. Ni siquiera espero que me lo agradezcan, porque no me cuesta. Es algo que no sabía que sabía. Como si de un día para otro me crecieran piernas de maratonista y en dos zancadas alcanzara la meta.

Cuando conocí París fui con una amiga y nos quedamos, por muy poco dinero, en la casa de una familia de conocidos. Padre académico, madre maestra, tres hijos que estaban siendo criados bajo una rigurosa ideología de izquierda. Escuela pública, conciencia de su lugar en el mundo y en el ecosistema familiar. Conciencia plena de la virtud del desapego: los franceses, en mi opinión, son quienes mejor ejercen el desapego filial. Esta pareja era inteligente y amable, su casa era cómoda, amplia y acogedora en muchos sentidos. Tenían una terraza con pérgola y una mesa de comer donde cenábamos casi todas las noches cosas muy ricas con vinos muy ricos. Habrían sido la postal de la familia ideal –al menos para quien yo creía ser entonces– salvo porque todo estaba muy sucio. A ver: había una organización interna, había una repartición de tareas dibujada con colores en la heladera. Los niños debían levantar sus juguetes y ordenarlos, lo mismo con la ropa sucia que iba en un canasto que había en el pasillo de las habitaciones (y que, en los días que me quedé ahí, siempre estuvo desbordado); el padre cocinaba y lavaba los platos y los enjuagaba en la pileta, llena de agua oscura y espumosa. Una vez lo vi ofrecerle un plato con restos de salsa blanca a la perra, la perra lo lamió con gusto y luego él, tras zambullirlo en esa agua, lo dejó en el secaplatos. La madre pasaba la aspiradora sin detenerse nunca en los ángulos de las esquinas –donde se acumulaban tierra, pelusas, los cereales del desayuno–, y se ocupaba de llevar y traer a los niños.

Comenté con mi amiga mis impresiones sobre la higiene de la familia que nos alojaba y ella me dijo: «¿Te parece?». «¿A ti no?» Se encogió de hombros. Era una información curiosa, esa diferencia de visiones. Después me fui a visitar a otra amiga que vivía en Barcelona y se lo comenté. Estábamos tomando cerveza en un banco frente a la playa, mirando un atardecer frío y melancólico porque 1) ella y su pareja se habían peleado, y 2) era mi último día allí. «Es típico de la gente de izquierda», me dijo: «Para ellos las personas cuanto más limpias, más fachas». Automáticamente empecé a revisar en retrospectiva las casas de las personas que conocía y estuve a poco de convencerme de que esa afirmación tendenciosa podía ser cierta. Mi propia familia de origen, dueña de todos los vicios imaginables del conservadurismo y la religión, consideraba la limpieza una virtud cardinal. Mi madre no era muy buena limpiando (de alguien lo heredé), pero se imponía la tarea doméstica como un sacrificio que la elevaba. Y por supuesto que tenía ayuda: dos o tres mujeres lustrando pisos y muebles. Éramos una familia de clase media muy esforzada, nunca tuvimos una economía fácil, pero siempre tuvimos servicio doméstico –en Colombia el servicio doméstico dista de ser una extravagancia–. Pienso que mi madre, así como yo, pagaría una empresa que hiciera la limpieza de final de obra, aunque tuviese que pedir prestado. Mientras que aquella familia francesa, por supuesto que no. Les parecería una ostentación capitalista, una estupidez burguesa, una *frivolité*, un lujo innecesario.

Opino exactamente igual, salvo por lo de «innecesario».

Yo siempre que puedo pago por aquello que no sé hacer bien porque eso supone una modificación sustancial en mi calidad de vida. Es decir, en mi estado de ánimo, en mi productividad, en los caracteres que escriba por día.

La mujer de la empresa de limpieza terminó de tomar notas y me pasó un papel con un número exorbitante. Lo veía venir. Me entró calor, respiré hondo y me dije que no podía gastar eso. Enseguida recapacité: no me daba muchos *gustos*, me dije, jamás compraba ropa cara y, descontando la inflación, mi presupuesto individual era casi idéntico al de hacía veinte años. Igual le pedí una rebaja, ella ladeó la cabeza, me miró a los ojos y largó un suspiro luego del cual dijo que, si era al contado, podía evaluarlo. *Al contado*, en este país, significa en negro, o sea, sin factura, o sea, levemente ilegal, o sea, el tipo de gasto que tendría que ocultarle a mi marido, cuya idea de la rectitud no perdona ni a la anciana del parque que alquila atriles por dos pesos. Era un pésimo precedente: inaugurar un hogar con una mentira. Pero ¿no sería peor inaugurar un hogar sucio? Asentí muy rápido. Imaginé: piensa que soy blanda. Y luego: piensa que soy rica.

Pero no, la gente rica es menos holgada que yo. A mí me pasa que, como nunca he sido rica, no temo gastar todo lo que tengo porque sé que, si no vuelve, no lo echaré en falta (o, quizá, en el fondo oscuro del pozo seco que es mi alma, siento que el Dios en el que no creo me lo devolverá triplicado). Es todavía peor: si no vuelve, es probable que durante un tiempo ni lo note –el tiempo suficiente como para descubrirme desprovista–, porque fui criada negando la pobreza eventual y relativa que sobrevenía en mi familia, siempre subrepticiamente. A mi madre le criticaban gastar más dinero del que mi padre llevaba a casa. Ella se las ingeniaba para que ninguno de nosotros notara sus malabares: empeñaba joyas, pedía prórrogas a los usureros. El esfuerzo de aparentar prosperidad era desmedido, pero eficiente: hasta que crecimos, ni mis hermanos ni yo notamos que teníamos menos dinero que nuestros amigos. De formas levemente distintas, casi todas las familias con las que tuve relación mientras viví en mi país padecían el mismo vicio del arribismo. En Colombia se dice que los ricos quieren ser europeos; los clasemedieros, norteamericanos, y los pobres, mexicanos.

Una sola vez discutí con el constructor de la casa, que en general era un tipo muy simpático. No recuerdo por qué discutimos, pero sí recuerdo que una de las cosas que me dijo fue que me convenía llevarme bien con los gremios porque «vos pensás que tenés el poder de pagarles o no pagarles, y con eso conseguir resultados, pero te equivocás». Se equivocaba él: yo no pensaba eso. Yo siempre pensaba que ellos tenían más poder que yo (algunos, incluso, más plata), aunque el mundo insinuara lo contrario: ellos podían no hacer el trabajo, podían hacerlo mal, podían cobrarme de más. Daba por hecho que me cobraban de más. Daba por hecho que esta mujer de blanco que me estrechaba la mano para sellar nuestro acuerdo en negro me estaba estafando. Y daba por hecho que yo merecía ser estafada. ¿Era injusto? Quizá. El desequilibrio entre nosotros no era enteramente mi culpa, pero en el mundo está instalada esa falacia de que la desigualdad puede curarse –o paliarse– con pequeños actos fraudulentos. Como detener una hemorragia con curitas.

La acompañé a la puerta, antes de despedirme le pedí que anotara algo en su libreta, por favor.

–Cómo no. ¿Qué sería?

–Limpiar con CIF –le dije enfática–. Por favor, mucho CIF.

–Un charco de barro.

–Un perro salchicha.

–Un árbol morado.

–Una moto con tres señores.

–Una, dos..., cuatro palomas.

–Un teléfono en un árbol.

Me paré y miré alrededor.

–¿Qué teléfono? –pregunté–, no se vale inventar.

Mi hija J. señaló un árbol donde un policía apoyaba su espalda mientras se fumaba un cigarrillo. En el cuenco que formaban las ramas el policía había puesto su radio. Le dije *okey* y seguimos adelante, aunque en verdad quise detenerme para decirle que me hacía feliz su hallazgo, su cacería sofisticada de imágenes.

Pero me negaba a ser la persona que aterriza
–arruina– un momento elevado.

Íbamos rumbo a la casa de un amiguito de
mi hijo V., cuya madre había organizado una
fiesta de despedida. El año siguiente pasarían
a la primaria y la mayoría cambiaría de colegio.
V. no estaba de buen humor. Llevaba varias
cuadras concentrado en las sombras de sus
pies. Un par de días atrás, el último día de escuela, se había despedido de sus amigos con un
gesto que calificaría como desapegado, aunque
más tarde se lo describiría al padre cómo *cool*.
«¿Qué tal estuvo V. hoy?», me preguntó M. esa
noche por teléfono. Y yo le dije: «Cool».

Como eran bastantes cuadras a pie intenté
distraerlos jugando al veo veo.

–Un señor dormido con la boca abierta
–dijo V.

Me pregunté, con melancolía anticipada, hasta cuándo llamaría «señores» a los vagabundos.

–Un auto sin ruedas.

–Una carretilla.

–Una lagartija chiquita.

–Unos lentes –dijo J.

–¿Dónde?

–En la cara de ese nene.

J. entendía los mecanismos de casi cualquier juego. Respetaba las reglas. En general me corregía o completaba mis observaciones. Para ese momento estaba por cumplir tres años y miraba mejor que yo. No era mi fantasía, no era mi amor desmedido y mentiroso el que hablaba, era su cerebro, que a esa edad absorbía y procesaba todo como una máquina perfecta. Todo lo que necesitaba era un estímulo menor, como esos palos de monte que florecen con dos gotas de agua.

Lo malo de tener conciencia de esto es que los padres intentamos falsear esas experiencias sensibles. Forzarlas. Como si los hijos fueran lienzos vacíos para llenar con nuestros caprichos estéticos. Es, al mismo tiempo, un gesto amoroso y un gesto egoísta –cuesta imaginar situaciones en donde estos gestos no vengan unidos por el ombligo como siameses–. Es como tener vía libre en la fundación de una ciudad y verse excitado frente a decisiones cruciales: dónde poner el hospital, el colegio, las plazas verdes, las calles peatonales, las verdulerías, las casas bajas con ventanas amplias y jardines coloridos. Tentador. He visto a padres intentando inocular recuerdos felices en sus hijos, con la prepotencia inocente –o no– de estar sentando memoria en otro. Quizá criar sea eso:

triunfar en el intento de sentar –¿imponer?–
memoria en otro. Para la mayoría de las personas, la crianza es la única oportunidad que les
ofrece la vida de ejercer la tiranía. Sentar memoria, como fundar una ciudad, es un gran desafío para el ego: dónde pones el ojo, qué te importa más, cómo es tu proyecto de mundo ideal
y, de todo eso, qué prevalece. En ese dibujo se
ve claramente de qué está hecha tu mirada.

Mi mirada ha ido mutando. En los primeros
años de mis hijos padecía de grandiosos debates internos. Cuando salía a la calle con ellos,
miraba con una mezcla de ingenuidad y soberbia: quería evitarles el mazazo en la cabeza
que puede ser la fealdad urbana. Hasta que
entendí que era una aspiración desmedida.
También me esforzaba en seleccionar trozos
bellos de un episodio mediocre del que éramos
testigos accidentales. O en mejorar –siempre
para peor– las versiones del mundo que algún
tercero les propinaba sin mi consentimiento.

¿Qué significa ser malo? / Estar triste y con-
fundido.

¿Qué es el dolor? / Algo que se va rápido.

¿Qué le pasa al perrito? / Está dormido.

Ahora ya no. Intento, cada vez que puedo, acercarlos a la porción de belleza que esté a nuestro alcance, pero sin editarla, sin intervenirla o modificarla. Rara vez es una belleza memorable. A veces sí. Si me preguntan, lo más bello que hemos visto juntos es el plancton azul fosforescente que se encendía con nuestras brazadas y patadas debajo de un mar en el que nadamos en el Caribe colombiano. Fue un viaje con pretensiones: quería acercarlos al lugar en el que nací y que lo sintieran, también, un poco suyo. Cuando más brilla el plancton es cuando las noches están apagadas, o sea, sin luna ni estrellas. Así fue esa noche. La oscuridad nos entregó todo el brillo con el que se puede encandilar una mirada. Yo sé que guardaré esa memoria para siempre. Deseo que ellos también, pero cómo saberlo.

Alguna vez le sugerí a M. tomar por una calle distinta a la habitual para llegar a la plaza de juegos.

–¿Por qué? –me dijo.

–Porque esta calle me lastima –le dije–: es una Gillette en el ojo.

En la calle había una obra en curso, un día

cayó un bloque de hormigón y dejó un pozo en el piso. No lo arreglaron. Cuando llovía se llenaba de barro, una vecina llamó a la municipalidad porque vio «brotar» ratas del hueco. También comentó que algunas mañanas el croto del parque meaba en el hueco y empezaba a oler. Eso último era falso, me dijo después, pero le pareció una buena oportunidad para matar dos pájaros de un tiro. Y guiñó un ojo.

Alguna vez hablé con el croto. Los niños jugaban y yo los miraba desde un banco del parque. El croto se sentó a mi lado y noté que las manos le temblaban: «Es normal», me dijo él. Y yo asentí. Lo imaginé un tipo frágil; una de esas personas con sensibilidad desmedida a quienes el mundo les resulta intolerable. Algunos se refugian en el arte, otros en las sustancias. Le dije a la vecina que a mí el croto me parecía un tipo inofensivo. Ella negó con la cabeza:

–No, no, nena, es que nos acostumbramos muy fácil a la hostilidad.

Para esta época M. y yo estábamos de acuerdo (o eso nos decíamos) en que era importante irradiar a los niños con la parte descarnada del mundo. Lo grotesco, lo bizarro, ese énfasis tan pero tan latinoamericano. Para la época del plancton yo, sin duda, estaba agotada y necesitaba un *mix*: el mundo es horrible e injusto, hijos míos, pero cada tanto podemos permitirnos nadar en aguas serenas, dejarnos teñir los miembros de azul flúor, ser lo único que brilla bajo el negro infinito de un cielo hueco.

–NYC –me sugirió un día M. como título de este texto.

Significa Nacido y Criado. Lo usan los bonaerenses para enfatizar su procedencia. Significa que no solo naciste en este radio, sino que te sometieron a él hasta edad adulta. NYC: nacido y curtido, también podría ser. *Curtir* es otra palabra local. Significa, en este caso, ensuciarlos para que ganen defensas y sobrevivan. Pero a veces es agotador. Aquella vez, cuando le pedí a M. que agarráramos por otra calle, que buscáramos un camino más benévolo, menos dañino a la vista, asintió dócil. Así que nos adentramos con los niños en el camino más largo, pero menos feo, y a la mitad del recorrido me dijo:

–Convengamos en que tampoco es Suiza.

En la fiesta me encontraría con madres a las que había visto, por lo menos, dos veces al día a lo largo de los últimos cinco años. El tema de conversación sería esto que alguien de la sala, en un subidón de azúcares, bautizó un día como «los recuerdos del futuro». Y ese título fue rápidamente incorporado para designar todo aquello que implicara fantasear con lo que suponíamos que quedaría impreso en la memoria de los niños. Era una expresión que se usaba despectivamente, como una forma de ironizar sobre la falta absoluta de control que cualquier madre o padre tiene sobre el asunto de los recuerdos.

Hacía años había empezado a leer con cierto rigor sobre el tema. Fue después de un paseo de fin de semana a Colonia, Uruguay. En el puerto tomamos un autobús que nos llevaría al hotel. Como en casi todos los viajes, M. y yo nos habíamos repartido a los niños y cada uno le mostraba al suyo el paisaje por la ventana: había un río, un malecón y un par de veleros quietos o moviéndose muy lento. J. era una bebé de brazos, me tocó a mí. V. no quería mirar por la ventana, solo quería saltar de asiento en asiento. Descubrí al chofer sonriéndose burlón por el espejo y, cuando vio que lo miraba, me dijo: «Ellos no se van a acordar de esto, señora». Alcé los hombros y pensé para mí: ¿qué le importa? Pensé también: ¿qué me importa?

Pero lo tomé como una afrenta que me empujó a ilustrarme.

El hombre tenía razón: ninguno de mis dos hijos podría recordar algo de ese paseo. Ni el barco en el que fuimos, ni el camino hacia el hotel, ni la piscina en la que el mayor empezó a dar sus primeros chapoteos. Pero había que simular que sí: que se acordarían de todo, o de algo. Estaba bien esforzarse en darles una visual bonita, aunque genérica; yo, que soy adicta a los detalles, entendí rápidamente que en este caso importaban poco y nada. Lo importante era el conjunto y cómo ese conjunto era capaz de producir emociones duraderas. Me resultó tranquilizante constatar que hay un momento en la vida de una persona en el que el afuera es desdeñable. A un bebé no le importa lo tangible, sino lo sensorial.

En la fiesta una madre sacó su teléfono y nos mostró a Miss Luli en su faceta de *instagramer*. Otra madre preguntó en voz alta qué recordarían los niños de Miss Luli cuando tuvieran veinte, treinta años.

–¿Qué era tierna y *hot* en proporciones idénticas? –contestó la del teléfono.

Algunas madres –todas– estaban –estábamos– ensañadas con Miss Luli.

Se había robado las palabras de los niños,

había usado sus cabecitas en cocción para generar un proyecto artístico propio.

–¿Qué tan ético te parece? –me preguntaban.

Se había platinado el pelo y, con ello, engendrado un parecido sorprendente a Michelle Williams. Y en esas andaba: ofreciendo a sus setecientos seguidores una lluvia de frases desgranadas.

Cuando estoy con madres siento que me desdoblo, no debe de ser distinto de lo que me pasa en otros grupos, pero en este caso tengo más conciencia porque me pone frente a una versión de mí misma con la que no estoy tan familiarizada. No me refiero a ser la madre de mis hijos (esa es la versión de mí misma con la que estoy más familiarizada), sino a la de ser madre. Supongo que a muchas les pasa. Casi todas las madres con las que me relaciono contradicen las virtudes y las taras que se esperan de ellas por la simple gracia de haber parido. Existe la idea de que hay un modelo canónico de madre expuesto en alguna vitrina, incluso, o sobre todo, cuando se trata de un modelo defectuoso. Sin embargo, yo no conozco a ninguna que se le parezca. No es un modelo, entonces, sino un mito. Una caricatura.

P., una de las madres de la sala, era psicóloga

especialista en cerebros. Así lo llamábamos porque nadie era capaz de retener el nombre de su especialidad. Ella explicó algo con relación a los recuerdos que, a estas alturas, casi todas ya sabíamos –porque la madre clasemediera contemporánea promedio ha leído sobre crianza, alimentación y el uso de pantallas–: hasta los seis años la parte frontal del cerebro crece más que en ningún otro momento de la vida y se desarrolla gracias a la experiencia emocional. Después de los seis años el cerebro ralentiza ese desarrollo. En esos primeros años se forma buena parte de nuestro carácter emotivo y es por eso por lo que un niño es más propenso a traumatizarse que un adulto. No importa si no consigues recordar la experiencia en sí misma –porque el cerebro no podrá consolidar memorias conscientes hasta más adelante–: la marca queda. Como quedan las imágenes inconexas de un sueño, los *déjà vu*, las cicatrices.

–¿Los traumas se van? –le preguntó una madre a P.

–Depende –dijo ella. Y después–: Se manejan, pero con ayuda.

También estaba la madre médica que, en general, se impacientaba ante la psicóloga y le hablaba con superioridad:

–O se puede convivir con ellos, ¿no? Como quien convive con una prótesis. No es tan grave.

–Muchas veces se niegan –siguió P., compuesta y ecuánime–, pero está mal dicho: no es negar, es mirar y no ver. Se llama «ceguera perceptiva», es como que te explota una bomba delante de la cara y no te das cuenta.

–¿Los traumas se heredan? –preguntó alguien más.

Los niños estaban en el patio jugando al quemado, un juego que me aterra. De chica, en Colombia, lo jugábamos distinto: el quemado era uno solo, ubicado en el medio de dos bandos que te lanzaban una pelota al cuerpo con una violencia que lo hacía parecer más un linchamiento. Me dejó moretones de por vida.

P. explicó una teoría acerca de la herencia de los traumas. Se llama «herencia epigenética» y dice que el estilo de vida, las influencias del medio ambiente y los traumas pueden provocar cambios genéticos en la descendencia. El epigenoma es una etiqueta química que se adhiere al ADN y que funciona como un interruptor: modifica los genes, activándolos o silenciándolos. Según P. la herencia epigenética solo ha podido comprobarse en los hijos y nietos de víctimas del Holocausto.

Entonces pensaba que una vida no podía apoyarse enteramente en un punto de partida desafortunado, que no debía existir (y si existía desconfiaba) una fórmula para predecir la evolución de una determinada historia humana; que incluso los abusos, las palizas y el Holocausto eran inútiles para explicar el *destino* de una persona. Quizá el trauma trastornaba el impulso original que se traía, pero ¿cómo se distinguía ese impulso? Había que estar muy cerca de alguien para descifrarlo, pero no demasiado cerca como para distorsionarlo. Me negaba a creer que, de alguna forma, estábamos condicionados no solo por nuestro entorno actual, sino por el de nuestros antepasados.

Hoy abunda la bibliografía al respecto.

–... si habláramos de botánica, se diría que es prácticamente imposible enderezar un árbol que creció torcido, ¿verdad? Pero en psicología es distinto –dijo P.–. Se puede podar el cerebro para sacar la plaga, lo que no sirve, y salvar lo fresco, lo que todavía puede crecer. Pero la poda debe ser sostenida, la persona debe aceptar que tiene un trauma y estar dispuesta a entregar parte de su tiempo a sanar.

En la cara de la médica había pizcas de sorna. O de angustia. Tenía ese aire de necesidad inmediata: como quien está en un lugar atestado y busca la salida.

–¿Vos qué opinás? –le preguntó una madre (malévola) a la médica.

La médica tomó un sorbo generoso de su copón de Aperol como única respuesta.

Eran cerca de las siete.

Ubiqué a J. entre las compañeras de su hermano, niñas grandes y poderosas con los labios pintados. La peinaban. J. estaba sufriendo: lo podía ver en sus ojos despepitados y en sus manos empuñadas. Le hice señas para que viniera hacia a mí, pero me ignoró.

«¿Te salieron buenitos?»

–¿Por qué tan escéptica? –P. se dirigió a la médica.

–Me gusta tu explicación –contestó–: sanar traumas se parece a la castración que se hace para asegurar la productividad del varón, eliminando su flaqueza. –Se le escapó un bufido–. En lugar de terapia podrías vender campanas de cristal.

–¿Perdón? –dijo P.

(Yo tampoco entendí la asociación.)

–Después de la poda, los tapas con una de esas campanitas que les ponen a los *muffins*, ¿viste? Así no tienen que lidiar con el mundo de porquería que les tocó en suerte.

–Se sana para servirle al mundo –dijo P.

–O sea, que los enfermos son una carga para el mundo.

–Para su familia, al menos.

–Ajá.

Al final de la fiesta nos tomamos una foto de padres, madres, hijos. Ya todos sabían qué cara poner. La conciencia del registro permanente nos mantiene en pose. No me acuerdo de cómo éramos cuando nadie nos miraba. Nadie se acuerda.

–¿Mis amigos se van a olvidar de mi cara? –me preguntó V., después de la fiesta, cuando caminábamos de vuelta a casa.

–Claro que no.

–¿Y si el libro se pierde?

Las madres habíamos mandado a hacer un fotolibro. En la tapa estaban las caras de los niños en una foto cuadrada, sosteniendo un cartel que decía lo que querían ser de grandes.

V. quería ser arquitecto y capitán de barco. Esas caras iban a estar en su biblioteca mucho tiempo y cada vez que creyera que se le estaba olvidando alguna acudiría al libro para recordarla. Un *shortcut*, eso sería el libro.

–No se va a perder, pero, aunque se pierda, nunca se van a olvidar.

–¿Cómo sabes?

–Sé.

–¿En serio?

Alguien se encargaría de imprimir la foto de grupo de la fiesta, y de dejarla en la portería de la escuela para ser retirada. Unos días después yo retiraría la nuestra y la pegaría con un clip magnético en la heladera prístina de la casa nueva, hasta que otras cosas se encimaran y terminaran por desplazarla. Pasarían tres años, y un día la encontraría en un cajón de la cocina con una incipiente pátina amarillenta. Se la mostraría a V., emocionada, esperando de él una reacción similar. Nada que ver. Para ese momento sus amigos serían otros, su elección profesional también, y esas caras sonrientes mirando a un futuro que ya era viejo le resultarían vagas y ajenas.

El 28 de diciembre Miss Luli me llamó por teléfono.

Es una fecha extraña, todo lo que uno espera escuchar son bromas.

Quería mostrarme sus poemas. Quería que nos encontráramos a tomar un café. O una cerveza, quizá. Ya no éramos madre y maestra, ahora podíamos dejar de lado las formalidades. ¿Qué éramos ahora, entonces? Quise decirle: «Ahora somos colegas», pero pensé que podría tomarlo a mal. O a bien. En cualquier caso, no quería generar un momento incómodo.

Le dije que estaba muy ocupada con la mudanza, pero que podíamos quedar para enero.

—Amo enero —dijo.

En enero la ciudad se vacía y los pocos que

quedamos andamos a nuestras anchas, sin trancones ni gentío. Si no fuera por el calor (la razón por la que se van casi todos), enero sería un mes ideal para enamorarse perdidamente de Buenos Aires. En enero vivimos la ficción de que una ciudad puede seguir siendo funcional sin la mayor parte de la gente que la habita, y que alcanza con vaciarla para mejorarla. En enero el afuera tiene un uso más exclusivo, casi privado: alguien que se echa en el pasto verde bajo un cielo inmenso y dice: «Este parque es todo mío», lo que en el fondo significa: «Los demás me estorban».

–Yo también amo enero –le contesté.

Los niños habían abandonado la colonia. Les gustaba más quedarse en la casa.

Los tratas demasiado bien –me chistó una madre.

V. decía que la colonia era «cruel». Algo que repetiría a lo largo y ancho de su vida escolar: «¿Mandarme ocho horas afuera de mi casa, mamá? Es cruel». «¿Levantarme cuando el cielo sigue negro? Cruel.» «Ducharme todas las noches, ¿en serio?»

Pero recién era 2019, tenía cinco años y no sabía dónde había escuchado esa expresión que lo fascinaba, y que, de repente, le daba sentido a todo lo que le pasaba por dentro. Su hermana lo imitaba: mamá cruel, papá cruel, comida cruel. Juntos entonaban un estribillo que me perseguía.

Familia y tragedia van de la mano.

«Si no van a la colonia, me ayudan a embalar», les dije. Les gustó el trueque. En la casa vieja ya no quedaban más que mis libros. Todo lo demás había sido repartido entre amigas, D., mis suegros, el fletero.

Embalamos la biblioteca.

Decidimos separar los libros por colores. Ganaron los amarillos, por amplio margen.

¿Qué lee mamá? Libros amarillos.

La casa nueva tenía una mesa para comer y tres camas para dormir. Más adelante, decidiríamos con qué más llenarla. Cuando íbamos, los niños desaparecían y yo me echaba en el piso del estar a mirar el techo largamente. Imaginaba nuestro futuro allí dentro. Especulaba con nuestras vidas.

Una de las dificultades de contar algo es que siempre la narración ocurre después de los hechos. Uno intenta eliminar esa distancia con tiempos verbales, pero la verdad se impone y no te sirve. Narrar desde el futuro es adictivo porque no hay verdad que se imponga. Algunas madres gastamos un volumen importante de horas intentando predecir cómo será un hijo: el futuro, cuando no te aterra, te engolosina. Antes gastaba ese mismo tiempo escribiendo. Escribir es igual de intenso, pero más agónico. Lo que importa, tanto en el caso de los hijos como en el de las historias, es que eventualmente el mundo los acepte, que puedan salir afuera y sobrevivir.

Era curioso que en ninguno de los futuros que imaginaba allí acostada veía a mis hijos sin mí, ni a mí sin mis hijos. Lo primero es lógico: mis hijos eran (son) pequeños, todavía no habían sido sin mí; lo segundo no, porque yo sí que había sido largamente sin mis hijos. Incluso en lo que imaginaba, podía confirmar una renuncia total a mi antigua identidad (no solo a mi sintaxis). En mis fantasías, además, M. iba y venía. Como un instrumento que era esencial en la medida que se lo necesitaba. Su participación en el círculo era vital, así como el alimento, así como el afecto. Y podíamos tolerar su ausencia porque sabíamos que era pasajera.

En mis fantasías más radicales, en la primerísima fundación de una familia, el hombre era una criatura que aparecía, te entregaba algo y después te abandonaba para volver al mundo del que procedía. El hombre era un objeto de transición, eso que la mujer usaba hasta que llegaba el hijo y terminaba de darle sentido a su presencia. Y allí se quedaba.

Ya tú no regresabas al mundo del que procedías.

Te quedabas allí, sumergida en retoños, echada en el piso de madera, mirando el techo de hormigón, contemplando las paredes vacías que les darían refugio.

Mi amigo del documental me preguntó si ya tenía una lista de preguntas para hacerle a la mujer arisca en caso de que la entrevista llegara a darse. No tenía. ¿Por qué? Porque me daba vergüenza. Que qué iba a hacer, entonces, cuando me sentara frente a ella y tuviese que sostenerle esa mirada rota que ya le había visto en la pantalla. Yo pensaba decirle: «Cuéntame lo que quieras, yo te escucho». Que no esperara mucho de su relato, volvió a decirme mi amigo. Ajá. Lo había visto en YouTube hablando de su documental ante un grupo de estudiantes: «Mi aspiración no era entenderla, sino descubrir una melodía entre sus frases, una tonalidad en sus ojos, un tic en su gesticulación. Y componer a partir de ahí». Yo le dije exactamente lo mismo y él me contestó, riéndose: «Pero ¡qué ridiculez!».

En el mismo viaje del plancton fuimos a una isla llamada la Isla de los Pájaros. Es un pedazo pequeñísimo de tierra flotante que aloja a una enorme cantidad de especies de aves. Nosotros estábamos enfrente, en una península, una calle flaca de arena con unas pocas casas de doble vista: de un lado el mar, del otro la ciénaga. Cuando se hacían las cuatro, cinco de la tarde, veíamos cómo el cielo se llenaba de bandadas geométricas trasladándose a su isla. Un día nos acercamos en una lancha y los vimos planear –¡eran cientos!– muy cerca del agua, casi rozándola, hasta elevarse nuevamente y posarse en las ramas de los árboles. Algunas veces (como esa) la belleza era rotunda, inobjetable, pasmosa. Y el contraste, entonces, también lo era: no muy lejos de ahí, muchos años antes, había ido a hacer un reportaje en otra isla pequeñísima que flotaba en el mismo mar perfecto. Se llamaba Santa Cruz del Islote y se suponía que era el lugar más densamente poblado del mundo. Son mil doscientas personas apretadas en dos canchas de futbol, más o menos. Una mancha oscura en la postal turquesa. El lugar carecía de todo, salvo del instinto de supervivencia de sus habitantes. Se habían asentado en esa isla –después de rellenarla con basura hasta formar un suelo– porque era uno de los pocos territorios en el archipiélago de San Bernardo a donde no llegaba la plaga de jejenes. Había otros, sí, pero tenían dueño. Gente rica. Pájaros exóticos. En el islote los médicos, los profesores y la policía eran visitas ocasionales.

En la casa nueva los niños me ayudaron a plantar los plátanos que, en la casa vieja, teníamos en macetas. Los plátanos se veían ínfimos en la tierra, pero no por mucho tiempo: todavía no lo sabíamos, pero esos plátanos serían la *vedette* del jardín. También plantamos maracuyá, limón, helechos. Todo se veía pequeño. El primer día de un jardín es inversamente proporcional al primer día de una casa. Empieza ralo, tímido, contenido, y con el tiempo explota de belleza. La casa, en cambio, se estrena impecable y el tiempo la arruina.

La otra rareza sería la planta de las mariposas. *Asclepias curassavica* era el nombre. O algodoncillo, venenillo, bandera española, flor de sangre, platanillo, hierba María, mataganado, burladora: el hombre del vivero me los recitó todos. Y yo pensé en cuánto empeño poníamos en inventar palabras para decir lo mismo. Tenemos un idioma al que le gusta alardear. En otras lenguas una misma palabra sirve para nombrar varias cosas, según cómo se la pronuncie. La planta no es especialmente bonita, pero da una flor roja, amarilla y naranja que es alimento para mariposas. Eso haría que siempre, siempre, hubiese mariposas en mi jardín. Y así fue. Incluso en invierno habría mariposas. Y cuando se apestaran tendría que curarlas con un aceite sin veneno –para preservar a las orugas que les colgaban de sus tallos raquíticos–, frotándolas con un pañito, muy pacientemente, como a una anciana con artrosis.

Esa noche los niños le contaron a M. que habíamos hecho anotaciones secretas en la pared del fondo del jardín. Escribimos la fecha, porque, les expliqué, plantar significa tomar posesión de un territorio: es la versión civilizada de un conquistador que clava su espada en la tierra y la reclama. Plantar es apostarle al futuro, les dije: «Hoy somos futuristas».

–¿Hubo algún tropiezo en el jardín? –preguntó M. y yo tardé en entender.

Hacía unos meses, allí mismo, habíamos enterrado a nuestra gata, Bárbara. Ya era muy vieja, una mañana amaneció tiesa, fría, con los ojos muy abiertos en el garaje de la casa vieja. Debió de haber muerto en la madrugada, pero daba la sensación de haber estado así por mucho tiempo. Los niños no la vieron. M. la metió en una bolsa, la puso en el baúl, nos fuimos al colegio con la gata muerta a bordo. Después la trajimos a la obra, cavamos un hueco en la tierra. No fue muy profundo, no queríamos romper la manguera de riego subterráneo recién instalada. La pusimos en el hueco, la tapamos con tierra, apoyamos una laja encima para aplanar el montículo.

En mi casa de niña también enterrábamos a nuestras mascotas muertas en el patio, pero cavábamos un hueco bien profundo porque 1) no había riego, y 2) sabíamos que los cadáveres se hinchaban y nadie quería sorpresas.

Confié en que la laja mantendría a la gata bajo tierra hasta que se desintegrara. Esa tarde, por las dudas, cuando ya se habían ido los obreros, me paré encima de la piedra, salté varias veces para aplastarla más, y luego un poco más. Entre los materiales de obra había tizas. Agarré una y escribí en la laja la letra B., le tomé una foto y se la mandé a M. En verdad, la gata era más suya que mía: cuando yo llegué a la vida de M., Bárbara me aventajaba por once años. A la mañana me había impactado la rapidez de su gestión; M. es del tipo de personas que operan con diligencia tareas engorrosas, quiero decir, esas que exigen un alto grado de compromiso afectivo. Pero luego le descubrí una bruma en la cara que me indicó conmoción. Me acordé de un poema de Mary Oliver:

Para vivir en este mundo
debes ser capaz
de hacer tres cosas:
amar lo que es mortal,
sostenerlo
pegado a tus huesos convencida
de que tu vida depende de eso;
y cuando llegue el tiempo de dejarlo ir,
dejarlo ir.

Mary Oliver no me deslumbra. En general me sabe insulsa.

Esta vez, sin embargo, me concedió un chispazo de consuelo. Como una lija que se ha guardado intacta por largo tiempo, que has mirado solo para constatar su inutilidad, hasta el día en que te raspas con una superficie rugosa y entonces te acuerdas de ella: la buscas, la usas, alisas lo áspero. «Para esto servías», piensas, acaricias la suavidad nueva y entiendes algo.

Todas las noches, estemos donde estemos, mis hijos y yo leemos cuentos. Y si no hay libros a mano, inventamos cuentos. En la casa vieja ya no quedaba más que un colchón doble en la que había sido mi habitación y la de M. durante los últimos seis años. Esa última noche dormimos allí los niños y yo. V. arrancó una historia sobre un espía que se hacía llamar Francesco Carlo y vivía en Canadá. J. y yo debíamos seguirla. Y después él. Y así. Una retahíla rebotando en las paredes.

Desde que nacieron, les leo. Quiero atiborrarlos de palabras hasta que queden apretados. Armados hasta los dientes. Un lenguaje para defenderse allá afuera: es todo lo que tengo para darles.

Esa noche había viento. Rarísimo para esa

época. Las ramas del árbol de la vereda pegaban contra la ventana del cuarto. Pero nadie tenía miedo. Al contrario, era un sonido agradable, delicado, como una serenata de susurros. «Whisperpop», le llaman a eso que hacen ahora las cantantes casi sin abrir la boca.

Faltaba poco para que el encierro se despojara de su aire poético.

La mujer arisca contestó que sí. Que me encontraría en su pueblo en el mes de marzo. Solo que en marzo estaríamos encerrados.

En marzo yo intentaría mantener la costumbre de los cuentos, pero los niños ya no responderían con el mismo entusiasmo. Las pocas historias que conseguiríamos armar serían demasiado elucubradas o demasiado obvias. Las historias luminosas caerían en un pozo. Con el tiempo, M. las rescataría: se inventaría un personaje, construiría una saga inagotable que persiste hasta hoy.

Me parece una habilidad grandiosa: diseñar rituales propios que, con el paso de los años, se conviertan en tradiciones chiquitas y raras,

como semillas exóticas. En los días de encierro, esa ambición sería una emergencia. Nece-
sitábamos rituales. Rutinas extendidas. Pensaba que, si se mantenían lo suficiente, entrarían
en la esfera de la memoria consciente. Después, suponía, cuando el ritual atravesara algún punto de inflexión imposible de anticipar,
alguien empezaría a llamarlo «tradición». Me
ilusionaba inventar tradiciones reconocibles
por personas que se contenían entre sí como
cajas chinas, con recovecos más y menos acce-
sibles. Quería secretos a los que uno pudiera
aferrarse con alivio, aunque la vida se torcie-
ra –porque la vida consiste en torcerse.

Esos días en los que M. no estaba y yo visi-
taba la obra vacía, escribí mis propios «versitos
espontáneos», fechados en el futuro lejano.

Este era de 2055:

> Ahora que soy gris
> y tú sigues lejos
> me pregunto qué es una casa
> y solo puedo pensar
> en aquella que construimos
> y destruimos

y volvimos a construir
con dos, tres arquitectos
que renunciaron
porque no entendieron
en su justa magnitud
la arquitectura brutalista.

Una casa es nuestra gata
sepultada
y un montón de plantas
tropicales
que le crecieron encima
y se tragaron la luz
camuflaron el cielo
dieron frutos
–plátanos, maracuyás, pitangas,
     limoncitos, mariposas–
se apestaron
las curé
con aceite de Neem
el mismo que ponía
en la sien de nuestros hijos,
para espantar los piojos
cuando iban al colegio.

Una casa es un cuerpo
de caños que pierden agua

en alguna parte interna
de su estructura.
Así que la rompen
y la vuelven a romper
y dicen que la curan.
Pero nadie la encuentra,
la pérdida
nadie la cura,
porque las pérdidas
son invisibles
cuando suceden por dentro.
Y como todo cuerpo
una casa
está destinada
a desangrarse.

Una casa es una cárcel
que te salva
de una pandemia universal
y la usamos tanto
y la usamos toda
tanto
pero tanto
que al cabo de dos años
amortizas la inversión
correspondiente a una década.

Una casa es un paisaje
que uno puede atravesar
a oscuras
anticipando los golpes
que se dará
invariablemente
con los filos
de cada esquina.

Una casa es un hijo
dos hijos
que toman impulso
crecen alto
buscan el sol
como los bambús
del patio descubierto
pero no echan raíces
los hijos
no están hechos
para quedarse
los hijos se alejan
se escapan al afuera
temerarios
decididos
desalmados
en escandaloso
silencio.

Cuando terminaba de escribir estos versitos me entraba una intranquilidad tan dolorosa como irreal. Sentía a mis hijos repentinamente lejos. Tardaba en levantarme para ir a buscarlos, porque no quería contaminarlos con mi urgencia. No podía permitirles medir con cuánta convicción los creía mi refugio, porque iban a echar correr en sentido contrario. Preferirían el frío y la libertad, antes que a una madre que los detiene con la excusa de abrocharles el abrigo. Así que tomaba aire y lo soltaba: aparentar prescindencia requiere un gran esfuerzo. Cuando conseguía dejar suspendidos (como una ola a punto de romper) mis pensamientos retorcidos (como intestinos añosos), cerraba la *laptop* (como quien cierra un pasadizo), me levantaba del piso (desechaba los símiles) y buscaba la ventana: ahí estaban, en tiempo presente, riéndose alto, jugando en el patio con Zaki, uno de los gatos de la vecina que, en unos meses, se instalaría con nosotros para siempre.

El 30 de diciembre M. avisó que retrasarían su vuelta. Un par de miembros de su equipo estaban enfermos y habían tenido que suspender el rodaje. Después habría varias tentativas de regreso: en España estaban quisquillosos con los contagios de un virus que aún no era tan famoso, pero que en un par de meses amedrentaría al mundo. Cuando M. pudo volver tampoco vino a la casa nueva, tuvo que recluirse en la casa vieja a hacer la cuarentena que por entonces exigían en el único colchón remanente. Nadie imaginaba cuánta gente cercana y lejana moriría en un lapso ridículo de tiempo. Nadie imaginaba, yo tampoco, por eso seguía tomando estas notas irrelevantes. ¿Por qué, aun pasado todo este tiempo, decido dejar constancia de la inconsciencia de aquellos días? Porque a veces pienso que hay tanto para decir sobre lo que uno creía que estaba pasando, como sobre lo que pasó en realidad.

Una madre del colegio nuevo organizó una merienda «al aire libre» en su casa. Era fines de enero y todavía se hablaba del virus como de algo anecdótico. Importaban otras cosas: las maestras que les tocarían a los niños, el calendario de cumpleaños, cómo sería la adaptación al doble turno, ¿a favor o en contra de las pijamadas?, a qué se dedicaba cada quién. ¿Sos escritora? Ah, mirá, qué interesante. ¿Escribís para niños? Tras mis respuestas, el interés se diluía.

Días después, una madre me escribió:

«¡Impostora! Leí tu libro, jaja. Parecías tan buena persona».

Yo seguía esperando a que M. terminara su cuarentena. D. había decidido mudarse conmigo hasta que se normalizara la situación. D. vivió meses en mi casa y la situación nunca se normalizó. Cuando D. volvió a su casa, con su esposo y su hijo y su nieta, yo no sabía que no la volvería a ver por un año. Ni que su ausencia nos sumiría a los cuatro en un estado casi permanente de hastío y de intolerancia.

–¿Cómo les va sin mí? –me escribía D. cada tanto.

Yo le decía:

–Pésimo.

D. se reía, pero era cierto. La extrañaba horrores. Oh, sorpresa: no sabía cuánto dependía de su ayuda hasta que se fue. Depender de «la gente que te ayuda» era algo que creía haber dejado atrás, en el Caribe colonial, en mis propias niñeras, Luz y Maylin.

Otro cachetazo a mi autopercepción.

Pero era más que eso. Era la asfixia de sentir que se achicaba el mundo con nosotros adentro. La amenaza mayor vivía afuera, pero el encierro nos sumaba el desafío de protegernos de nosotros mismos.

–¿La culpa es de los chinos? –me preguntaría V. uno de esos días.

–¿Quién te dijo esa barbaridad?

–El abuelo.

En mi chat de excompañeras de colegio una de ellas recomendó darles la baja a las empleadas domésticas porque viajaban en transporte público y por lo tanto estaban más expuestas. Esto después se convirtió en tema de debate público en muchos lugares –hubo niños a quienes se les prohibió la entrada a los jardines rodantes informales que surgieron como alternativa al cierre de colegios, porque viajaban en bus–, pero ella fue la primera persona a quien le escuché decir esto y me pareció grandiosamente revelador. Una profeta de la mezquindad que tenía –teníamos– guardada en alguna parte de la psiquis y que esta circunstancia le –nos– permitía desenfundar con firmeza y jactancia. Alguien contestó: «¿Moriremos de mugre, entonces?». Risas.

Cuando la salud se ve amenazada, los prejuicios brotan con más fuerza. El estilo de vida está determinado, de muchas maneras, en función de la propensión o no a las enfermedades. Está implícito que la salud es una recompensa por vivir como vivimos: ¿somos limpios o sucios, comemos orgánico o industrial, hacemos ejercicio o somos sedentarios? Nadie quiere pensar en la salud como la describió Susan Sontag: un *resort*, un escenario paradisíaco (pero provisional) del que puedes ser exiliado sin aviso.

«Me hago la guapa solo en el papel», le contesté a la madre.

En esas primeras semanas de encierro me sentaba a mirar a mis hijos cuando dormían. Me preguntaba qué escenas horribles de ese día se habrían llevado pegadas al sueño y quería limpiárselas, fregarlos con algo que hiciera desaparecer lo tóxico, lo impropio, lo malo. Las imágenes de gente que sacaba sus muertos a las veredas en Guayaquil habían dado la vuelta al mundo.

Con frecuencia recordaba a una mujer de mi clase de gimnasia que (previo a todo esto), en el vestidor, sacaba de su bolso un *splash* homeopático y se rociaba toda; recorría su silueta en el aire con un movimiento rápido y sinuoso, como de mano flamenca. Si estabas muy cerca, te salpicaba. Esa mujer decía que se estaba limpiando. ¿De qué? «De la calle, del mundo.»

Me atormentaba todas las noches por haber sido mala, impaciente, por haberlos maltratado a todos y por haberlos acusado de maltratarme injustamente. Se me daba por pensar en mi propia madre, a quien, de adolescente, acusé repetidas veces de no tener vida más allá de sus hijos. Ella ni se defendía. Yo quería que me contestara que estaba muy equivocada, que su vida era emocionante y plena y que, cuando todos dormíamos –incluso mi papá–, ella se liberaba: tiraba unos langostinos jugosos a la plancha, los bañaba en picante, tomaba daiquiris cargadísimos, cantaba boleros subidos de tono.

Langostinos picantes, daiquiris, boleros. Alguna vez, para mí, ese fue un combo muy atinado de la libertad.

Mirar a mis hijos mientras dormían era mi modo de castigarme por la culpa que me daba estar tomada por una incapacidad pavorosa para gestionar mi vida esterilizada, pequeña y lujosa, a salvo del afuera, donde otros caían como bichos fumigados y los envolvían en bolsas y los tapaban con doble frazada para que no olieran. La incapacidad se extendía como una plaga que lo dañaba todo. Los miraba y me embebía en drama. Llanto en cascada, el que duele en el esternón. Los miraba para constatar su indefensión, su responsabilidad nula en la construcción maléfica del mundo. Mis pensamientos de aquellas noches eran así: «Qué crueldad poner sobre sus espaldas estrechas el peso de lo que otros hicimos». A veces, así: «¡Qué crueldad poner sobre sus espaldas estrechas el peso de lo que otros hicimos!».

¿Tenía yo una vida más allá de mis hijos?

La mujer arisca dejó de contestarme.

Llegué a reenviarle el mismo mail siete veces y cada vez lo encabezaba con un nuevo «por favor».

¿Por qué tendría ella que hacerme un favor (o siete) a mí?

Si ella ya había librado una guerra, había creído y descreído de esa guerra y, por mucho que el documental de mi amigo quisiese mostrarla como una víctima resiliente, había perdido esa guerra. No solo esa: su vida entera había sido una lapidación estrepitosa.

Acá un ejemplo rotundo: ella había nacido afuera y yo no.

¿Reinsertarse? A esa palabra le sobra, por lo menos, el prefijo. ¿Para volver a insertarse en un lugar, no debería antes haber salido?

Frustrado ese proyecto, el resto de la escritura también se atolló.

O peor: fluyó de una forma muy intensa, aunque nada articulada. Volvieron las notas, pero más díscolas, poco fundadas, sin ningún rigor, demasiado amenazadas por una subjetividad alterada.

Nunca fue tan evidente que cerrar la puerta –clausurar el afuera– significaba también incinerar buena parte de mi material de trabajo.

«Odias el mundo, pero lo necesitas», le dijo una vez otra compañera de gimnasia a la mujer del *splash*, que la miró en silencio, como si estuviese sopesando esa afirmación, decidiendo en qué compartimento de su bolso guardarla.

Las notas de este tiempo son un cajón desordenado de conceptos. Demuestran una incompetencia resuelta y declarada. Era obvio que no sabía nada de lo que nos estaba pasando, pero creía con vehemencia que, si escribía, «el saber» aparecería sobre la marcha. No era la primera vez que me sentía así –torpe, hueca, amateur– mientras intentaba copiar las frases que se apretujaban en mi frente, solo que esta vez no era un accidente, un *impasse*, un embrollo que eventualmente conseguiría clarificar. Era una decisión, un deseo de instalarme en esa zona inestable y precaria, en tierra de nadie. Después de todo, durante ese año y el siguiente, el mundo sería tierra de nadie. Las cosas que escribía (muchas de las cuales terminarían acá, en este texto) eran tentativas porque nunca lograban decir lo que me proponía decir, ya nacían sabiéndose un fracaso. Ahora entiendo que esa vocación (la vocación por fracasar) se extendía, rastrera y veloz, hacia otros aspectos de la vida.

Mi familia, por ejemplo, en este período me aparece personificada en la forma de una gran ameba que se movía en bloque, dejando rastros babosos de su inoperancia. Por momentos era difícil recordar ese «saco de creencias» compartidas que nos había llevado hasta ahí. Pero me decía que lo importante no era «creer» en esas creencias, sino saberlas correctas y continuar personificándolas. Uno no se cuestionaba si «creía» en la bondad, uno simplemente intentaba ser bueno. ¿O no?

Cuando el perímetro que nos aislaba del resto fue una imposición, empezamos a sentirlo apretado, asfixiante. Pero apretado estuvo siempre, apretado nos gustaba más porque limitaba las chances de que lo indeseable, lo extraño, lo distinto penetrara nuestra circunferencia.

Nos mirábamos, pero no sé si alcanzábamos a reconocernos.

Simulábamos que sí.

En el encierro todos nos descubrimos impostores. Cualquiera que se mire desde afuera es un impostor.

«Estás irreconocible», suelen decir algunas madres a sus hijos (o maridos) mal portados, dando por sentado que la mala conducta es ajena a su verdadera esencia. Suelo pensar que es al revés, que lo que se simula es lo otro: los modales, la buena educación, la tolerancia, la alegría. Son todas máscaras. La civilización tiene demasiadas máscaras: de eso se trata. Cuando se adquiere esa conciencia, uno tiene la tentación de despojarse de sus máscaras para volver a la esencia, pero rara vez se vuelve a la esencia. Porque mostrarse en esencia es exponerse a la incomprensión.

Como el croto del parque. Sus manos temblorosas. Puede pasar que, una vez que te saques todas las máscaras, nadie sea capaz de reconocerte.

Cada vez que M. quiere señalarme una fisura honda, un defecto irremediable, un pozo oscuro en la moral, me dice: «Al final, sos igual a lo que escribís». Y sabe que me hiere.

Supongo que, en buena parte, el éxito de un matrimonio consiste en moverse con cautela, evitando ser desenmascarado. Las poquísimas incursiones al afuera, propias de esta época, hacían muy difícil sostener adentro las máscaras habituales.

Me cuesta creer que hubo personas convivientes que resistieron ilesas semejante sobreexposición. Compartir todos los días a toda hora con otros es el antídoto perfecto para el «amor» en cualquiera de sus formas. Incluso las más elevadas. La veneración, dicen, es anterior al conocimiento. Nunca se podrá venerar algo a lo que se conoce demasiado.

Con los hijos es más simple y también más «cruel». Están acostumbrados a las máscaras de sus padres, no les interesa su esencia, sus verdades: se forman una idea de quiénes son y eso les resulta convincente, para bien y para mal. Con esa versión conviven, y en la adolescencia la alimentan de resentimiento, mayormente. Después se hacen adultos, abren la puerta y se zambullen en el mundo, y el mundo, en general, les cree: «¿Así que eso fueron tus padres? Pero ¡qué horror!».

Muchas mañanas, cuando levantaba a mis hijos, los preparaba para ir al colegio y los hacía subir al auto (lo mismo para llevarlos a natación o a fútbol o a robótica o a gimnasia), pensaba que la forma que mejor conocían de su madre era la que veían desde el asiento trasero. El contorno de la cabeza con el pelo recogido, la línea entre el cuello y los hombros, la nuca, la oreja derecha.

En el arte, dicen, el trazo es la esencia.

Pero el arte es mentiroso, quién no sabe eso.

Cuando me daba vuelta para decirles algo, para darles alguna indicación, los encontraba mirándome fijo y entonces pensaba: para ellos su madre es, la mayor parte de la semana, una espalda que maneja para trasladarlos a lugares. Cuando me arreglaba para ir a algún lado, me soltaba el pelo y me maquillaba, los niños me miraban con desconcierto: «Te ves distinta». «¿Distinta a quién?» «A ti.»

Como hijo llega a ser muy difícil saber cómo es, en verdad, la gente que te cría. Y, una vez que te propones averiguarlo, ya estás afuera: ganaste perspectiva, pero perdiste sensibilidad; te enfriaste, el entendimiento llega articulado, en episodios lógicos, cerraditos con un moño. Nada de eso es verdadero. Y, como es improbable que sepamos reconocer lo verdadero mientras ocurre, la pesquisa por descubrir quiénes fueron nuestros padres suele darse demasiado tarde.

Al final de su cuarentena, M. vendría a la casa nueva. Les diríamos a los niños que estaba recién llegado de España. Todavía nos parecía complicado explicarles que un virus amenazaba con aniquilarnos. Así que, como primera medida, mentimos. Podíamos permitirnos construir una ficción personal para ahorrarle zozobra a nuestra descendencia. Una ficción perfectamente verosímil porque en ese momento, circunstancialmente, teníamos dos casas. ¿Serviría de algo preservarlos de la «verdad»? Esa no era una pregunta válida. Entre sacarles una piedra o dejar que se tropezaran, yo elegía siempre lo primero.

El ejemplo más clásico tenía que ver con la salud, justamente: pagábamos una medicina prepaga cara –como todas las medicinas prepagas–, pero rara vez esperaba por un turno médico cuando se trataba de mis hijos. Si el turno, a través de la medicina prepaga, tardaba demasiado, le pedía a la secretaria del médico la opción de pagar de forma particular y me atendían al día siguiente. Siempre que pagaba maldecía para mis adentros. Maldecía al médico, a la empresa prestadora de salud, a mi poder adquisitivo: porque no era lo suficientemente alto como para tener en mi *quick dial* a un séquito personal de especialistas, pero sí para empujarme a transitar por ese borde polémico y brumoso. Como todas las personas de clase media que conozco, hago parte consciente de un sistema que permite que la salud sea un servicio privado caro –carísimo– y que, en consecuencia, algunos podamos acceder a él de un modo más o menos privilegiado –o acceder, a secas– y otros no.

Sería largo repasar todos los ejemplos de exclusión cotidiana de los que somos parte desde que nacemos. El encierro puso en escena unos cuantos de ellos.

Incluso en aquel momento, con la bomba detonada, las esquirlas en los ojos, seguíamos desviando el foco. Yo me recuerdo preocupada por cosas que, a la luz de hoy, me resultan no solo tontas, sino miserables. Como que V. –que cursaba su primer grado vía Zoom– nunca aprendiera a hacer cuentas. Que lo estafaran, que se rezagara, que sufriera toda la vida ese rezago. Me costaba horrores explicarle algo tan elemental como sumar y restar; él no tenía ninguna noción previa de aritmética ni yo de pedagogía. Era como intentar dibujar los planos de la Capilla Sixtina. Fracasábamos a diario. Nos angustiábamos. Me noqueaba un resultado que no reflejaba para nada el empeño que habíamos puesto en aprender. Cuando volvió a la presencialidad V. arrastraba, como todos sus compañeros, un contenedor de falencias. Hasta que un día llegó del colegio apesadumbrado y me dijo que había descubierto algo horrible:

–El día tiene veinticuatro horas, en el cole gasto ocho y tú quieres que duerma diez. O sea, solo me quedan seis horas para mí. ¿No te parece cruel?

Asentí:

–Me parece supercruel.

Por dentro me emocionó constatar que, sin tener muy claro cómo ni cuándo, había aprendido a hacer cuentas. Cuando le conté esto a una madre amiga me dijo:

–Más vale, ¿vos viste la cuota que pagamos?

Cuando M. volvió con nosotros nos repartimos las labores de cocina y limpieza, y nuestros trabajos –así como los de buena parte del mundo– pasaron a un plano distante y poco frecuentado.

Nunca estuvo tan clara la inutilidad de mi oficio: escribir o no escribir, ¿a quién, aparte de mí, le cambiaba la vida? ¿O el día?

La provisión era otra cosa. Había que seguir proveyéndose y el mejor dotado para eso, en esta coyuntura, era M. Si alguien tenía que retomar su trabajo, del modo que fuera, era él.

Allá va el varón, con sus deberes a cuesta, de vuelta al mundo productivo.

Acá la mujer, arquitecta del bienestar de los demás, creadora de un hogar «perfecto» para todos en el que, sin embargo, ella no se siente a gusto.

¿Quién quería almohadones de colores? Pero están ahí, sobre el sillón gris, como un sarpullido. Tú los elegiste.

Nunca estuvo tan clara la inutilidad del orgullo propio:

Mi trabajo también vale. ¿Ah, sí? No todo se mide en monedas. ¿Ah, no?

¿Libertad? No, querida, no te dan las cuentas.

Cada tanto se me enredaban en la lengua frases extraídas de mis apuntes teóricos sobre la desigualdad. Tengo una carpeta gorda en la computadora llamada Desigualdad. Allí meto artículos, notas, fotos, frases que colecciono al respecto de este tema. Soy latinoamericana: es como si un danés juntara información sobre reyes, dado que su país tiene la monarquía más antigua del mundo. M. y yo representábamos uno de esos países en los que la desigualdad es alta, aunque la pobreza es baja. En nuestro país enano todos estábamos provistos. Si osaba quejarme de que yo no podía trabajar porque estaba a cargo de los niños, alguien correría inmediatamente a ponerme en mi sitio: a ver, ¿cuál es el problema en que dos personas tengan ingresos distintos si ninguna de ellas sufre privaciones?

No procedía la queja. Ni la teoría. Ni las preguntas. Mejor callarse. Pensar en Guayaquil.

En un lapso de tres, cuatro meses, yo asistiría a nueve misas virtuales para despedir a mis familiares colombianos muertos por covid. En los chats de las misas –cuyos participantes eran parientes cercanos y lejanos, amigos y vecinos de otra vida– estarían encandilados con la palabra *empatía*. En ese momento, *empatía* significaba mostrarnos entre todos las heridas frescas. Cuando murió mi tío H., un primo muy creyente –todos mis parientes lo son– me dijo: «Estoy un poco enojado con Dios». Mi tío H. era un hombre joven, saludable, próspero, buen mozo y bien vestido que bajo ningún aspecto merecía morir en esta parte de la historia. Todo en esa muerte fue trágico. Había que estar enojado con alguien, claro que sí, lo que no entendía era por qué solo «un poco».

Mi abuela murió veinte días después de mi tío H., que era su hijo.

–Es una maldición, nos estamos extinguiendo –me dijo un día mi madre por teléfono.

Y que la iba a extrañar horrores, no había nadie en el mundo a quien pudiera extrañar más que a su mamá.

Todos los días mi madre iba a ver a mi abuela para almorzar su clásica sopa de costilla, que en los últimos años cocinaba la empleada y no era lo mismo, pero ella igual se la tomaba. Supongo que, más que la sopa, lo que le gustaba a mi madre era la compañía de mi abuela. Aunque ya casi no hablara, aunque hablara locuras, aunque al final solo emitiera quejidos molestos. Yo me fui de la casa de mis padres muy joven. Nunca le he dicho a mi madre que la extraño, ella tampoco me lo ha dicho a mí. ¿Se extraña más a los muertos que a los vivos? Supongo que sí. De todas formas, mi madre y yo somos (también) distintas en esto: ella siempre quiso ser más hija que madre. Hace años, en una de esas visitas rápidas que hago a mi ciudad, nos sentamos a tomar algo en la muralla y le pregunté esto mismo, que qué le gustaba más: ser hija o ser madre. No hubo una migaja de duda en su respuesta.

–... me consuelo pensando que está en el cielo, nena, o en alguna parte allá afuera: en el sonido del viento, en el mar. ¿Tú qué crees? –me preguntó.

Yo creía que no estaba en ninguna parte, que se había esfumado, que había desaparecido. Eso mismo le dije. No hubo una migaja de duda en mi respuesta.

Amar y odiar al mismo tiempo es algo que nos sale bien a las hijas.

Freud dice que los perros –y algunos varones, agregaría yo– son más simples: quieren a sus amigos y muerden a sus enemigos.

Después de mi abuela caerían enfermas dos de mis hermanas. Ambas graves, ambas serían intubadas por períodos prolongados. Se recuperarían y tendrían, como secuela, la entereza sin quiebre de un superviviente. Pero cada nueva internación iba demoliendo nuestra confianza en el porvenir.

–Por favor, cuídate –me rogó un día mi hermana C., la que no se había enfermado–. Es obvio que nuestra genética no está a la altura.

Me contó que una de las tantas teorías que circulaban por ahí era que este era un virus viejo, tan antiguo y premoderno que habría que viajar al pasado para buscar el modo de curarlo porque la modernidad carecía de los elementos adecuados para erradicarlo. ¿Y qué hacía ese virus anciano entre nosotros? Alguien lo había heredado, seguramente:

–Porque los virus se heredan, ¿sabías?

No sabía. Pero después investigué, y sí: un virus puede modificar el ADN de un organismo y transmitirlo a su descendencia.

–Los traumas también se heredan, ¿sabías? –le dije.

–Si lo piensas bien –siguió ella–, vacunarse es como viajar al pasado a buscar esos elementos que otro descubrió para modificar nuestro futuro.

–¿Ah?

–... aunque no en este caso –se desdijo–, estas vacunas son muy nuevecitas.

Suspiró. Yo también. Nos despedimos.

Vivíamos lejos, pero, esta vez, el afuera era lo mismo y nos acechaba por igual: metía la cabeza por la ventana, tiraba mordiscos, se llevaba cachos de carne, cachos de personas, personas enteras.

La bestia estaba desatada y hambrienta.

Fuimos a ver a S., la pediatra de mis hijos, a casi un año del encierro. Nos habíamos saltado los controles previstos.

Yo había estado leyendo, otra vez, sobre el tema más *trendy* del momento: vacunas. Aún dudaba si ponerles a los niños la del covid. Un día amanecí en un selecto grupo de chat en el que algunas madres debatían al respecto. Se leían cosas así:

> Vacúnalo.
> No lo necesita.
> No es por él, sino por sus abuelos.
> Por el «prójimo».
> Un hijo es un fideicomiso.
> Amar al prójimo como a ti mismo es un

mandamiento que contiene el presupuesto de que quien lo practica tiene amor propio, ¿no?

Perdón, ¿qué significa exactamente *fideicomiso*?

Voy a esperar una vacuna que me convenza.

Si vamos a analizar los mandamientos, abramos otro grupo.

Yo no tengo amor propio, aviso...

Ni yo.

En inglés, *fideicomiso* se dice *trust*. Siempre usan palabras más bonitas.

Significa depositar un valor importante en manos de alguien a quien no le pertenece.

Uno de los principios del método científico es que los resultados de un estudio deben ser reproducibles a mayor escala.

¿Un hijo no te pertenece?

Contaminarlo con un virus que no sabemos qué le hará en el largo plazo...

Y no.

¿No será mucho «contaminarlo»?

Hacerse cargo de un hijo–fideicomiso significa protegerlo, cuidarlo, ampararlo, resguardarlo...

Según la RAE: sinónimo de *contaminar*: *inocular* / sinónimo de *inocular*: *vacunar*. Ja!

Nunca apropiárselo.

¿Saben cómo inmunizaban a los niños de la viruela antes de la vacuna?

Yo no sabía. Era así: las madres le tajeaban el bracito al niño y le ponían una pústula extraída del cuerpo de otro niño enfermo. A veces funcionaba. Y a veces les ponían pústulas de más y les provocaban infecciones seguidas de la muerte.

No digo que NUNCA lo voy a vacunar, digo que ESTAS vacunas no me convencen.

A nadie convencen.

¿Entonces?

Hay que hacerlo igual.

¿Por?

Porque no vacunar es egoísta.

Soy egoísta, entonces.

No importa, incluso la gente egoísta puede vencer una pandemia.

Cuando llegamos al consultorio hiperventilado de S., V., muy en tema, le preguntó:

–¿Los anticuerpos son como policías que tenemos adentro para matar a los virus malos?

–No –dijo S.–, adentro hay un jardín.

–¿Un jardín?

–Sí, con flores, bacterias, hongos, bichitos que tienen que hacerse amigos de los otros bichitos que viven afuera de tu cuerpo.

–¿Afuera dónde?

–En el jardín de afuera. Tus bichitos se tienen que mezclar con ellos, ¿sabes?

Mezclarse es una palabra más amable que *contaminarse*. Más eufemística, también.

–... invitarlos a su casa, jugar con ellos, no matarlos. No, no.

Mezclarse trae consigo la presunción de que quien se mezcla elige hacerlo. Mientras que lo de contaminarse sucede por *default* (y por desgracia): basta con existir. Si el útero es un entorno estéril, el parto es la primera incursión hacia el afuera. Conforme va atravesando el canal de parto, al bebé se le pegan los microbios que se alojarán en su cuerpo durante los años siguientes.

Nacer = contaminarse.

V. se mostró decepcionado con la explicación de S. Era obvio que prefería la de los policías. A los niños les gusta hablar de buenos y malos, aun cuando nos rajemos la boca explicándoles que la mayoría de la gente es las dos cosas al tiempo.

–Vos sos pacifista –le dijo V.–, como mamá.

–Así es –asintió S.

Yo ya le había planteado a S. mis dudas sobre la vacuna y ella las había desestimado de cuajo. Con esta historia del jardín de adentro y el jardín de afuera era obvio que estaba intentando persuadirme de un modo que me pareció auténtico y amoroso y manipulador.

Mezclarse. Ya lo había oído el otro día en la radio al respecto de otro tema. Entrevistaban a una diputada muy joven de extracción pobrísima, que había conseguido estudiar y «salir de la villa». Ahora, que estaba *afuera*, podía observar con más distancia los problemas de *adentro* y ayudar a resolverlos. «¿Vos cómo te salvaste?», le preguntó la conductora, y la diputada contestó: «Mezclándome. La amistad interclase me ayudó a mostrarles a otros mi realidad y a conocer la de ellos. Cuando uno se mezcla desaparecen los prejuicios».

El jardín de casa estaba descontrolado. En menos de un año se había desmadrado. Llamé a un jardinero amigo y me dijo que, por la época, debía podar. No me gustaba podar. Ni cortarme el pelo. A J. tampoco. Pero podar una planta, lo mismo que cortarse el pelo, servía para darle fuerza y vigor, mejorar su floración, orientar su crecimiento, me explicó.

Mi amigo jardinero no podía venir a podar porque era población vulnerable. Me preguntó si me animaba a hacerlo yo, él me mandaría un tutorial. ¿Cuál era el riesgo? Si podaba mal, podían producirse crecimientos desmedidos: brotarían nódulos inflamados de los costados del muñón. Imaginé plantas de miembros retorcidos, como en los cuentos de terror. Un jardín lleno de monstruos, si lo hacía mal, ese era el riesgo.

–¿Te animás?

–No, gracias.

El parque que tenemos a tres cuadras de casa es enorme, frondoso y húmedo, por culpa del arroyo que le pasa por debajo. Hay una obra municipal que quiere destapar el arroyo, abrir una zanja en el suelo y que aparezca el agua. Entonces, hay tramos de cemento que tienen dibujadas unas olitas celestes y escrita la leyenda: «Por acá pasa el arroyo Medrano». Los vecinos han rechazado la obra una y otra vez. Parece que destapar el arroyo Medrano cuesta una fortuna y consideran un despropósito gastar en eso. Y desconfían, claro. Prefieren que el arroyo siga escondido, taponado. Es complicado explicar las leyendas que anuncian un arroyo que no se ve. Es una abstracción, un deseo. Una ruina, pero al revés. Las ruinas expresan añoranza de pasado –acá se erigió Roma–, y esa frase expresa, en cambio, añoranza de futuro.

El parque era el máximo radio permitido cuando se flexibilizaron las primeras restricciones. Nos hicimos una colección de recorridos marcados por un solo criterio: más plantas, menos personas.

En esos paseos vimos árboles pelarse y luego llenarse de flores y hasta de unos frutos rosados enormes, como órganos internos. No eran comestibles, nos lo dijo el guardia. J. quería probarlos, V. no se atrevía. Adán y Eva discutiendo en el edén. Otro día que pasamos por ese árbol vi claramente que los frutos no parecían órganos, sino cabecitas de fetos: todos pendiendo de sus ramas, gritando el nombre de sus madres como en esas películas antiaborto que nos mostraban en el colegio. Esa vez J. sacudió la parte baja de una rama y cayeron un par al piso. Se reventaron, les salió un líquido gelatinoso de adentro. Les prohibí tocarlos. V. terminó de aplastarlos con su zapatilla y J. lo imitó. Al final quedó una especie de papilla grumosa a la que inmediatamente acudieron las palomas.

Yo seguía sin escribir, pero mis archivos de notas sueltas engordaban. Había perdido el criterio para anotar, también había perdido las libretas. Anotaba todo en el celular: tenía un chat conmigo misma al que me mandaba audios que reforzaban esta nueva práctica sin objeto ni propósito.

«Trabajo con el material que tengo a mano.»

Un galpón de penas = Un libro de quejas = Un cuaderno de notas = Un chat conmigo misma.

Después me sentaba en la computadora a transcribir y algunas veces, sin tener mucha conciencia, nacía un párrafo. Había leído que entre los dedos había pequeños cerebros y que por eso las manos podían hacer cosas con habilidad sin haber sido instruidas previamente. Quizá era eso, me decía. Que como yo ya no pensaba, mis dedos habían tomado la posta.

–Te falta *flow* –me dijo una amiga, cuando le expuse un concentrado de las cuestiones minúsculas que me abrumaban a diario.

Estudié el concepto.

Flow es la utopía de un momento. La liberación del tiempo capitalista en pos de la concentración intensa en una actividad que produce nada más que placer. *Flow* es olvidarse, distraerse, desatender todo lo que exceda esa actividad puntual, abrazar la arbitrariedad y el hedonismo.

Me faltaba *flow*.

Todo lo que escribía me parecía:

a) demasiado lento para la opinión;

b) demasiado rápido para el razonamiento filosófico.

La mujer arisca reapareció a través de la *fixer* de mi amigo documentalista. Le dijo que estaba harta de que otros la usaran sin recibir nada a cambio.

Él le dijo: «No entiendo».

La *fixer* –una chica que había hecho una tesis doctoral sobre reinserción de combatientes mujeres– le dijo: «Entiendes perfectamente».

Y que si yo quería entrevistarla tenía que ofrecerle algo a cambio.

Yo le dije: «¿Algo como qué?».

Él me dijo: «¿Te lo tengo que explicar?».

Yo: «¿Tu *fixer* le pagó?».

Él: «Ni idea».

Yo: «¿Y tú cuánto le diste?».

Y él: «Cosa mía».

Una noche encontré en la televisión una vieja entrevista a Lygia Clark y la escuché decir, no sé a cuento de qué, algo que me quedó latiendo: «No me había dado cuenta de cuántas partes tiene la vida hasta que cada una empezó a liberar su capacidad para el mal». Hay épocas en las que todas las partes de la vida se convierten en una amenaza sin escapatoria. Transitábamos esa época. La fantasía clasemediera de procurarse un buen adentro se había cristalizado.

El afuera = El enemigo.

Estábamos encerrados en nuestras casas dotadas de calefacción y aire acondicionado, jardines con riego, piscinas climatizadas, un dispositivo por cabeza, galpones de alimento, galpones de bebidas, galpones de productos de limpieza y toneladas de electrodomésticos: lavarropa, secarropa, *deebots*, mopas importadas con mango flexible.

En pandemia hubo récord de ventas de electrodomésticos a nivel mundial.

Los electrodomésticos son bocanadas, promesas grandiosas de libertad. Y como la libertad es un destino vago, solo cobra forma real cuando se traduce en algo tan específico como una aspiradora inteligente.

En una canción que se llama «Tiburones», Ricky Martin le dice a su novio:

> Ya no sé por qué peleamos así.
> Basta de hacernos daño, que se nos
>   van los años.

Y le propone una serie de ideas para curar la relación, para volver a ser felices:

> Vamos a cambiar de casa,
> vamos un mes de viaje
> (...)
> Vamos a hacernos una cena,
> una noche de vela con una botella
>   del mejor vino.

Moraleja: con plata, las promesas se cumplen.

Aparecieron los Racovsky. Me llamó ella, el menor de sus hijos cumplía años y le quería organizar un «zoompleaños».

–A ver si recuperamos alguna forma de ligereza, ¿no? –me dijo.

¿Cómo se recupera la ligereza después de tantos muertos?

En el chat de mamás del colegio antiguo me enteré de que Miss Luli estaba internada. «¿Está vacunada?», preguntó alguien. No. Para esa época en Argentina no había vacunas suficientes, salvo que fueras amigo del presidente o emprendieras la aventura secreta de viajar a Estados Unidos y te la pusieran «libremente» en cualquier farmacia CVS. Ambos caminos requerían condiciones: tener dinero y/o poder. Miss Luli no cumplía con ninguna. Miss Luli era asmática, según recordaba de aquella última charla en el parque. Abandoné ese chat; después de todos los que ya había vivido a la distancia, no podía tolerar otro final triste.

«¿Cómo te proteges, entonces, del mal?», le preguntaba el entrevistador, vestido de riguroso traje negro, a una bellísima Lygia de blanco fulgor: «Imagina que el mal es un pulpo y córtale, uno a uno, sus tentáculos venenosos», contestaba ella.

Imaginé la cabeza de un pulpo mutilado, el pensamiento concentrado, sin posibilidad de fugarse. ¿Estaría diciendo Lygia que solo el pensamiento nos salvaría del mal? Claro que no. Los tentáculos de un pulpo se regeneran. Quería decir que combatir el mal era una cruzada permanente, sin descanso. Había que cortar tentáculos una y otra vez, hasta que los brazos se te entumecieran o hasta ganarles por cansancio.

P., la madre psicóloga especialista en cerebros, me llamó para saber cómo estaba, en qué andaba, qué hacía en ese preciso momento.

–Escucho música.

–¿Qué música?

–*#Happyhits* de Spotify.

–¿Qué es eso?

–Música que no te exige nada. Que te arrulla. Que te apaga el raciocinio.

Flow.

Su verdadera intención era averiguar por qué había *huido* del chat. Le conté.

–Pero Miss Luli zafó –me contó ella.

Tenía secuelas, eso sí. Un pulmón muy afectado, y algo cardíaco también.

Zafó.

Andaba por ahí con un respirador y con un flaco de barba y flequillo hípster, que la acompañó en el Zoom que hizo para saludar a los niños. Mis hijos no participaron en ese Zoom; las madres me avisaron, pero lo olvidé. Supongo que decidí olvidarlo.

–Tomás –le dije.

–¿Quién?

–El *flaco* se llama Tomás, es el novio.

P. se rió:

–¿Cómo es que tenés ese dato?

Me dijo que el Zoom fue agónico. Para Miss Luli, sobre todo, pero también para los demás. Se la veía cansada, haciendo un esfuerzo desmedido.

Después de haber sido durante siglos un síntoma del trabajo proletario (se cansaba el obrero de levantar ladrillos, el campesino de trabajar la tierra, el camionero de viajar), ahora el agotamiento estaba de moda, incluso entre intelectuales.

–... se le iba el aire después de cada frase, en un momento se puso a llorar. Los chicos no entendían nada, algunos se desconectaron de la pura angustia.

–Quizá solo se aburrieron –le dije, por sacarla del terreno del drama (en Buenos Aires se hace uso y abuso de la palabra *angustia*).

Entendía lo que intentaba decir, sin embargo. En este tiempo muchas personas habíamos sido testigos involuntarios del dolor, del padecimiento ajeno bajo la forma (mayormente) de falta de aire. Pero el del testigo rara vez es un dolor real, es más bien una mezcla de incomodidad e irritación como la que te causa un bebé llorando en un vuelo. Tener el impulso de pararlo y no poder produce *angustia*, quizá, pero no te duele.

Y, otra vez, la sensación de que nada de esto era nuevo.

Formas de padecimiento cotidiano: podríamos escribir ristras basadas en gestos.

Recuerdo a esa señora que vendía aguapanela a la salida de mi oficina en Cartagena, con los labios siempre rotos y su arruga tallada en el entrecejo transpirado. Quizá tenía mi edad, nunca le pregunté. Pero la saludaba a diario, invariablemente: buen día, buenas tardes, buenas noches, ¿cómo estás hoy?

Mi intento por ser amable, una morisqueta.

Ella me devolvía un gesto desdeñoso que,

durante un tiempo, consiguió perturbarme: alzaba la barbilla, estiraba el hocico, miraba para el otro lado, bufaba. Era su modo de decir cosas que jamás me diría: ¿de verdad te importa cómo estoy? ¿En serio quieres que te cuente? ¿Prefieres que te dedique una sonrisa falsa? ¿O un «bien, gracias», para alivianarte la existencia?

Había otras señoras y señores que vendían cosas en esa misma cuadra del centro histórico de Cartagena. Se te venían encima, te cantaban al oído su ringlera de productos y servicios, aunque nunca les compraras. Eran amables hasta que les decías que no, gracias, y entonces te lanzaban el mismo gesto desdeñoso de la mujer de la aguapanela, y a veces una serie de insultos que se iban siseando por lo bajo: «Hijueputa», «Son unos pesitos», «Qué le cuesta ayudarme a esta malparida»...

Uno termina acostumbrándose. No sé ellos. A la larga, dicen, todo el mundo se acostumbra al peso de estar vivo; yo no estoy nada segura de eso. Cada mañana, cuando mi tío José Antonio salía a trabajar al campo, decía: «¡Me voy a la guerra!». Seguro que hay gente que va a la guerra a diario, pero no es un eufemismo. Y caminan y caminan hasta que se hacen callos. Pero eso no es acostumbrarse, eso es hacerse callo.

Aproveché la llamada de P. para hacerle preguntas que me sirvieran para inyectarles a mis rutinas un propósito ulterior. Estaba enfrascada en la empresa inútil del control. Aunque creía saber la respuesta, quise preguntarle si había alguna fórmula, aunque fuese aproximada, para asegurarse de que un niño retenga sensaciones.

–¿Qué tipo de sensaciones?

–No sé, buenas. Quiero expurgarles este momento de tristeza.

–*Expurgar*: qué buena palabra.

A P. le importaban las palabras. Quizá eso era lo que verdaderamente nos unía. No el jardín infantil de nuestros hijos, cuyos destinos escolares se bifurcarían prontísimo, ni su tendencia a adoctrinar a otras madres sobre la inteligencia emocional. A ella le gustaba encontrar la palabra exacta, que rara vez era la que uno pensaba que era, siempre había una palabra en el medio de otras que se negaba a mostrarse, y P. decía: «No es esa palabra, se parece, pero no es, esa no es».

–En Cartagena se expurgaba el arroz que te vendían en la tienda –le digo–, porque venía con piedritas.

–No podés *expurgar* una experiencia, mucho menos esta.

–Ya sé, pero quiero que les quede impregnado algo más que la adversidad. Les invento juegos, cuentos, *#happyhits*, disparates, pero pienso que todo eso va a quedar sepultado en esta sensación gigante de tragedia universal.

Cuando se trata de niños, flaqueo. Estoy a favor de minimizarles las preocupaciones reales. Bajarles la persiana siempre que haga falta. Preservarles la inocencia tanto como la salud. No me interesa para nada que haya niños valientes o corajudos en el mundo, que sepan lidiar temprano con la pesadumbre. Lamento horrores que a algunos les haya tocado huir de sus pueblos en un bote enclenque tras haber visto cómo asesinaban a sus padres, porque esa circunstancia se traduce en pura pérdida. No le sirve a nadie.

–Quizá no –dijo P.–. Pero si querés asegurarte, repetilos. La repetición es eficiente, aunque falible. Todo es falible.

Me habló de una paciente que había perdido a sus padres en un accidente siendo muy chica y solo tenía dos recuerdos de ellos: el del accidente (o lo que le habían contado que pasó) y el de una foto de unas vacaciones en la playa, bronceados y con poca ropa. Ninguno de los dos recuerdos le parecía demasiado auténtico. Pero nadie tiene recuerdos auténticos, dijo P. La memoria se crea, aunque en general se fabula, ya de adulto. Y así se maneja todo el mundo, así también se manejarían mis hijos: medio sabiendo, medio sin saber, asaltados por recuerdos mentirosos. El caso es que su paciente indagó entre sus familiares acerca de los rituales que sus padres compartían con ella cuando era una bebé: los cuentos antes de dormir, alguna canción de cuna, las comidas. Hasta que, como por arte de magia, los rituales aparecieron un día en su cabeza, agolpados y frescos.

–¿Y pudo *recordarlos* mejor?

–Bueno, lo que hizo fue reemplazar una versión por otra que le resultó más... –No terminó la frase.

Al cabo de unos segundos de silencio, le pregunté:

–¿Convincente?

–Mmm –murmuró ella, misteriosa, vibrante.

Un poco entendía la irritación que P. le producía a la médica. Pero, al mismo tiempo, en medio de una crisis planetaria, a esa hora de la tarde, encerrada con media botella de vino por delante, aprovechando que los niños cocinaban con M., no encontraba otra conversación que me interesara más.

–¿A ver? –insistí.

–Paliativa.

Eso hice: reforcé mis rutinas paliativas.

Y las repetí.

Y las repetí.

Y las repetí.

Mi amigo G., con quien chateaba a menudo por esa época, me dio un consejo: nos conviene buscar consuelo en el devenir de la historia universal.

–... uno piensa: qué mala suerte, justo vine a nacer en tiempos de penuria. Pero en verdad, si revisas minuciosamente, verás que todos los tiempos lo han sido.

–¿Mal de muchos?

–Saber alivia.

–¿Sí?

–¿No?

Pensé que me iba a decir que buscara consuelo en la poesía. Se lo dije. Mi amigo es poeta, aunque escribe novelas.

La poesía que más disfruto es esa que se parece mucho a una pregunta sin respuesta. O, al contrario, a una certeza completamente arbitraria. Cualquiera de las dos metáforas le cabía a ese momento.

Yo no soy poeta, pero habría querido serlo. También se lo dije a G. Me dio otro consejo:

–No te enrolles, usa el enter.

El día que mis padres, mis hermanos y yo nos mudamos de nuestra primera casa, aquel chalet grande y bonito –pero sin agua regular–, plagado de árboles de mango, guayaba, níspero, limón y caimito, me puse muy triste. Para el resto debió de haber sido un alivio: a ninguno le gustaba tener que bañarse con totuma, ni tener que coger el bus para ir hasta el centro de Cartagena a ver a sus amigos. Para mis padres, supongo, fue una derrota ambigua: la casa tenía una hipoteca impagable, se la quedó el banco y la remató; nos mudamos a una casa alquilada (mal), pero a un barrio de mejor estrato (bien). Yo me recuerdo llorando en mi habitación vacía, adolorida por dentro, imaginando cómo sería la familia que viviría allí; si habría una niña a la que le gustaría treparse al techo y pasarse tardes enteras mirando las nubes, comiendo mangos maduros y dulces, teniendo conversaciones con Ricky, su novio imaginario, cuyos labios –blandos y carnosos– estarían dibujados en el dorso de su mano. Mi papá me sacó del trance y del cuarto; me llevó a la galería, que por algún error de diseño había quedado mirando a una pared y no a la calle. Allí me ofreció una mecedora y yo me senté esperando una charla aleccionadora acerca de las ventajas del progreso, porque para casi todos resultaba evidente que mudarse a la ciudad era progresar. No vino nada de eso. Él se quedó a mi lado, pero de pie (porque solo quedaba esa única mecedora), y durante unos minutos largos miró la pared como quien mira un campo seco.

Hoy no estoy tan segura de que estuviese juntando palabras para consolarme, porque ¿cómo podría haberme consolado alguien cuyo dolor era mayor?

Mi padre había sido juez durante años, todos hablaban de él como se habla de un sabio, de un ser superior en inteligencia y bondad. Tenía diplomas, tenía medallas y tenía un raro carisma mudo del que nadie podía escapar. No tenía, sin embargo, el dinero necesario, ya no para vivir como podría aspirar alguien con su formación, sino para sobrevivir sin tantísima agonía.

–Ya está –suspiró–, suficiente.

Nunca más compramos una casa. Siempre hubo un proyecto dibujado por él, que año tras año ganaba en detalles lo que perdía en factibilidad. Estructura de madera, techos verdes, dos módulos conectados por un puente, debajo del cual había una piscina que ocupaba buena parte del terreno a lo largo y a lo ancho. O sea, que vista de afuera la casa parecía flotar sobre un espejo de agua que le daba un toque de irrealidad. De ilusión rota. Mi hermano, en su ironía brutal (o en su conciencia extrema), la había bautizado Villa Peos.

En los paseos al parque se fue conformando una burbuja de vecinos. Cada vez éramos más los que preferíamos salir a respirar a la noche, poco antes de la hora del arreo. Éramos un racimo de personas desperdigadas en el parque, bajo la noche, guardando la distancia. Vistos desde el cielo, debíamos de ser un dibujo punteado, sinuoso, pero ininterrumpido. El esqueleto calcinado de un gusano prehistórico. Mientras tragábamos bocanadas hambrientas hacíamos un paneo por las caras concurrentes para constatar nuestra permanencia en el plano de los vivos. Nadie hablaba, pero a veces me quedaba atascada en un cruce de miradas vidriosas, la expresión de quien viene de perder unas cuantas batallas. O todas. Gestos de reconocimiento.

El croto no estaba. El croto no estuvo nunca más.

Miraba y miraba buscando pistas de algo. Preguntas en acrósticos. Respuestas en poemas.

> Sobrevivir también es una nostalgia
> de no haber muerto todavía.
> (Cristina Peri Rossi)

Después regresaba a mi casa, me aseguraba de que los cuatro estuviéramos adentro. Enteros. Me decía, cándida y solemne:

Mientras la cabeza del pulpo esté
    a salvo (enter)
cortaré sus tentáculos (enter)
las veces que haga falta.

Y cerraba la puerta.

Epílogo
(o *bonus track*)

Cuando terminé de escribir este texto ya nadie se acordaba del encierro. Quiero decir, casi todos habíamos optado por guardar un recuerdo anecdótico que le pisaba la cabeza a cualquier otro que amenazara con aflorar. En el mundo de la literatura decir «pandemia», «encierro», «virus» y similares era/es una catástrofe. Los editores temían una avalancha de libros sobre este asunto que no le venderían a nadie. En los Zooms literarios –hijo mayor de los formatos paridos en el encierro–, la mayoría de los colegas se tomaban a mal la pregunta de si estaban escribiendo al respecto. Yo creo que todos estábamos escribiendo al respecto, aunque no sé con cuánta conciencia. Para un escritor, casi siempre, escribir es pensar y viceversa. No pensar en lo que nos estaba pasando (y en lo que nos iba a pasar y en lo que nos había llevado hasta allí) era lo mismo que apagarse.

A mi editora le dije: «Esto no es un libro de pandemia».

Me lo creí.

Me parece que ella también.

Todavía me lo creo. Porque las ideas que contiene me rondaban desde mucho antes de que nos atacara una pandemia –pero también sé que tuve que atravesar una para escribirlo.

Así que, cuando abrimos nuestras puertas, simulamos que todo seguía más o menos igual. Yo había fantaseado con esta idea de que una desestructuración generalizada nos pondría, sí o sí, frente a una nueva composición. Como un artista que, luego de destrozar su obra, ve por fin eso que le hacía falta para entenderla en su totalidad. Era una fantasía ingenua: pensar que el mundo tenía la virtud de autocorregirse, y no que, en general, lo que ocurría era que un conjunto de voluntades –más bien lejos de lo artístico– lo enderezaban con fórceps.

Vuelta la normalidad, buena parte de nuestras taras regresaron robustecidas. La radio relataba una retahíla anacrónica: que había más pobres, más robos, más mendigos, más desempleo, más miedo, más gente encerrada por elección. Algunos, incluso, lo decían con sorpresa.

La última vez que intervine este texto fue un domingo otoñal, pero muy soleado. J. quería pasear en bicicleta –porque en este punto de la historia J. ya tiene seis años y es una gran ciclista–, y salimos las dos solas, un rato antes del almuerzo. El parque Saavedra bullía: hacia donde se mirara, pasaba algo. Era día de feria de alimentos, las filas en los puestos serpenteaban por la bicisenda y obligaban a los ciclistas a bajarse a la calle, donde los autos tocaban bocinazos sostenidos. Adentro del parque había al menos cinco grupos distintos de personas mayores bailando folclore; había clases de yoga, funcional, acrobacia; había decenas de familias haciendo pícnics, amparadas en el aire libre y atestado. Las plazas de juego reventaban, los perros atrapaban frisbies y pelotas voladoras. J. les temía a los perros, era mi culpa. Cada vez que veía aproximarse a alguno, la apartaba del camino con un gesto presuroso que, de lejos, podía parecer exagerado. No me olvidaba de esa nena del arenero a la que un perro le había sacado el ojo de un tarascón –pensaba: seguro que ese día también se escuchaban estas mismas risas infantiles, seguro que nadie sospechaba, bajo este mismo sol despampanante, qué tan cerca estaba el horror.

Este parque es uno de los resquicios locales de la *mezcla*. Acá los *estratos* un poco se confunden. Es una sensación engañosa, porque la mezcla es frágil, parece que hay que cuidarla para que no se malogre. Por eso debe ser que cada vez hay más policías. Van armados. Me parece una imagen fuerte: niños que juegan, viejos que bailan, manos que embolsan zanahorias entre hombres armados. J. y yo nos cruzamos a uno, de frente. Para evitar arrollarlo J. se paró en seco y yo me adelanté con un trote, la alcancé y me le puse a su lado, casi como un escudo, casi como si ese muchacho uniformado fuera un perro sin collar. «Hola», nos saludó él. ¿Qué tendría? ¿Veintiún años? No pude evitar mirarle el arma. «Hola», dije yo. Y entré en su cara con prudencia, como se entra en una tempestad. Cuando me alejé con J. el corazón me palpitaba fuerte, busqué un banco para sentarme. Me toqué el pecho para sentir las pulsaciones rápidas, J. me imitó, se tocó también su corazón. Es algo que hacemos a veces, «escucharnos por dentro» y describir el sonido. «Aletea», me dijo ella. «¿Ah, sí?» J. asintió: «Como un pez atrapado».

Desde ahí miré el parque: unas chicas estiraban una lona en el pasto y se reían. La alegría siempre es de otros, pensé. Pero no es cierto, es que vivimos una doble vida: existe la conciencia de la vulnerabilidad –o sea, de la fatalidad– y existe la simulación. Una de las chicas tropezó con su mochila y cayó al pasto aparatosamente, y las demás redoblaron sus risas con un escándalo fabuloso. Entonces miré a J. y ella a mí y nos reímos también. Horas después, cuando me senté a escribir estas líneas, queriendo que fueran las últimas de este texto que venía latiéndome en las sienes desde hacía más tiempo del tolerable, encontré en las notas de mi celular una frase que me recordó a esas chicas. Decía: actúa como si fueras feliz, es lo que todos esperan.

Me abrumó pensar en todo lo que no podía decir porque no sabía cómo.

Quizá ese lenguaje que tuve que aprender cuando tuve hijos, esos gorgoteos escuetos, fueran justo la manera más eficiente de decir cosas. Desechar la elaboración, abandonar la sintaxis apropiada, transcribir las notas sin pensarlo demasiado, improvisar versitos –como Miss Luli–, usar el enter –como mi amigo G.–. Volví sobre el final de este libro, lo intervine otra vez. Desarmé el último párrafo en tres frases que quien haya llegado hasta acá ya habrá identificado. Y así, seguí desarmando frases contenidas en libretas, en archivos, en el chat conmigo misma, en las márgenes de folletos sucios, en la pared escondida detrás de los jazmines.

Así:

Querido jazmín
a veces hueles
a un perfume de otro mundo
y a veces hueles
a desagüe.

Seguí, envalentonada, como quien corre en una cinta por la adrenalina de correr, y no porque tenga la expectativa de llegar a ningún lado.

En el parque vi lagartijas
trepar por un árbol
y una sola nube

que flotaba en el cielo
como abandonada
por su manada.
Me senté en un claro
de hierba seca y amarilla
cerré los ojos
y dejé que el sol
me calentara la cara.
Imaginé que me encontraba
un billete de cien dólares
que al cambio de hoy
me alcanzaría
para comprarle a J.
los marcadores mágicos
que quiere
y a V. unos pavos
para salvar el mundo.

Admiro la capacidad
que tienen algunos
para olvidarse de sí mismos
emprendiendo
tareas sencillas.
Yo puedo ser de esos
claro que sí
no me cuesta nada
olvidarme de mí misma

pero las tareas que emprendo
nunca me resultan
sencillas.

Pienso
que el amor propio
es una forma indulgente
de nombrar
al egoísmo.

Alguien
que jura quererme
me dice:
«Tanta frase ingeniosa
y ni una caricia».
Y yo lo anoto.
Otro día me dice:
«Contemplar las llamas
no suma palabras».
Y lo anoto también.

Siempre
anoto
todo.
Supongo
que así
me vengo.

Me gustaría ser
como mi Mac Air
que se cuelga de la red
que le resulta familiar
sin preguntar siquiera.

Practico finales
para esta ristra
de digresiones
que no sé
dónde poner.
Va uno:
Hay muchas formas
de quedar atrapados
en una jaula abierta.

Va otro:
Este es
un mundo hermoso
según quién seas.

Otro más:
Acá están
mis notas agrupadas
bajo una premisa
que apareció
cuando ya

me había hartado
de buscarla.

Y otro:
Esto
no es
un libro
de pandemia.

¿Este?:
Lion
Umbrella
Banana

¿O este?:
Gracias
por
venir
<3

Buenos Aires, mayo de 2023

Nuevos cuadernos Anagrama